# भूल-भुलैयों की भरमार!

## डेविड ई. मैकएडम्स

कॉपीराइट © 2025 डेविड ई. मैकएडम्स. सर्वाधिकार सुरक्षित। इस पुस्तक का कोई भी भाग, कॉपीराइट धारक की लिखित अनुमति के बिना, किसी भी माध्यम से न तो प्रतिलिपि किया जा सकता है, न संग्रहीत, न ही प्रसारित किया जा सकता है।

# विषय - सूची

भूल-भुलैया कैसे हल करें: एक व्यावहारिक मार्गदर्शिका ............................................................ 1
   1. दीवार-अनुसरण नियम (दाएँ-हाथ या बाएँ-हाथ का नियम) ........................................... 1
   2. आगे देखिए और योजना बनाइए ....................................................................... 1
   3. निकास से उलटा काम करें ............................................................................. 1
   4. कागज़ी भूल-भुलैयों में हल्की पेंसिल का प्रयोग ....................................................... 2
   5. "ब्रेडक्रंब" छोड़िए (वास्तविक भूल-भुलैयाँ) ........................................................... 2
   6. डेड-एंड भरना (एल्गोरिदमिक तरीका) .................................................................. 2
   7. मानचित्र बनाइए (जटिल भूल-भुलैयों के लिए) ...................................................... 2
   अतिरिक्त सुझाव ................................................................................................ 3
9×12 आसान वर्ग भूल-भुलैयाँ ................................................................................... 4
12×15 आसान वर्ग भूल-भुलैयाँ ................................................................................. 9
12×15 मध्यम वर्ग भूल-भुलैयाँ ................................................................................ 14
20×24 मध्यम वर्ग भूल-भुलैयाँ ................................................................................ 19
20×24 कठिन वर्ग भूल-भुलैयाँ ................................................................................ 24
30×37 कठिन वर्ग भूल-भुलैयाँ ................................................................................ 29
9×12 आसान त्रिभुज भूल-भुलैयाँ .............................................................................. 34
12×15 आसान त्रिभुज भूल-भुलैयाँ ............................................................................ 39
12×15 मध्यम त्रिभुज भूल-भुलैयाँ ............................................................................ 44
20×24 मध्यम त्रिभुज भूल-भुलैयाँ ............................................................................ 49
20×24 कठिन त्रिभुज भूल-भुलैयाँ ............................................................................ 54
30×37 कठिन त्रिभुज भूल-भुलैयाँ ............................................................................ 59
12×19 आसान षट्भुज भूल-भुलैयाँ ............................................................................ 64
15×23 आसान षट्भुज भूल-भुलैयाँ ............................................................................ 69
15×23 मध्यम षट्भुज भूल-भुलैयाँ ............................................................................ 74
24×39 मध्यम षट्भुज भूल-भुलैयाँ ............................................................................ 79
24×39 कठिन षट्भुज भूल-भुलैयाँ ............................................................................ 84
37×59 कठिन षट्भुज भूल-भुलैयाँ ............................................................................ 89
9×12 आसान हीरा भूल-भुलैयाँ ................................................................................ 94
12×15 आसान हीरा भूल-भुलैयाँ .............................................................................. 99
12×15 मध्यम हीरा भूल-भुलैयाँ ............................................................................ 104
20×24 मध्यम हीरा भूल-भुलैयाँ ............................................................................ 109
20×24 कठिन हीरा भूल-भुलैयाँ ............................................................................ 114
30×37 कठिन हीरा भूल-भुलैयाँ ............................................................................ 119
9×12 आसान स्नब-स्केयर भूल-भुलैयाँ .................................................................... 124
12×15 आसान स्नब-स्केयर भूल-भुलैयाँ ................................................................... 129
12×15 मध्यम स्नब-स्केयर भूल-भुलैयाँ ................................................................... 134
20×24 मध्यम स्नब-स्केयर भूल-भुलैयाँ ................................................................... 139
20×24 कठिन स्नब-स्केयर भूल-भुलैयाँ ................................................................... 144
30×37 कठिन स्नब-स्केयर भूल-भुलैयाँ ................................................................... 149

| | |
|---|---|
| 9×12 आसान सब-स्क्वेयर 2 भूल-भुलैयाँ | 154 |
| 9×12 आसान काहिरा भूल-भुलैयाँ | 159 |
| 12×15 आसान काहिरा भूल-भुलैयाँ | 164 |
| 13×16 आसान काहिरा भूल-भुलैयाँ | 169 |
| 13×15 मध्यम काहिरा भूल-भुलैयाँ | 174 |
| 20×24 मध्यम काहिरा भूल-भुलैयाँ | 179 |
| 20×24 कठिन काहिरा भूल-भुलैयाँ | 184 |
| 30×37 कठिन काहिरा भूल-भुलैयाँ | 189 |
| 20×20 कठिन वृत्ताकार भूल-भुलैयाँ | 194 |
| 25×25 कठिन वृत्ताकार भूल-भुलैयाँ | 199 |
| 30×30 कठिन वृत्ताकार भूल-भुलैयाँ | 204 |
| 35×35 कठिन वृत्ताकार भूल-भुलैयाँ | 209 |
| 9×12 आसान स्क्वेयर-ट्रायंगल भूल-भुलैयाँ | 215 |
| 12×15 आसान स्क्वेयर-ट्रायंगल भूल-भुलैयाँ | 220 |
| 12×15 मध्यम स्क्वेयर-ट्रायंगल भूल-भुलैयाँ | 225 |
| 20×24 मध्यम स्क्वेयर-ट्रायंगल भूल-भुलैयाँ | 230 |
| 20×24 कठिन स्क्वेयर-ट्रायंगल भूल-भुलैयाँ | 235 |
| 30×37 कठिन स्क्वेयर-ट्रायंगल भूल-भुलैयाँ | 240 |
| समाधान | 245 |

# भूल-भुलैया कैसे हल करें: एक व्यावहारिक मार्गदर्शिका

भूल-भुलैयाँ रास्तों और बंद गलियों (डेड-एंड्स) से बनी पहेलियाँ होती हैं। कागज़ पर, हेज-मेज़ में, या डिजिटल लैबिरिंथ में—लक्ष्य एक ही है: प्रवेश से निकास तक की सही राह ढूँढ़ना। यहाँ कुछ प्रभावी रणनीतियाँ दी गई हैं:

## 1. दीवार-अनुसरण नियम (दाएँ-हाथ या बाएँ-हाथ का नियम)

**कैसे काम करता है:**

प्रवेश पर एक हाथ (दायाँ या बायाँ) किसी दीवार पर रखिए।

चलते समय उसी दीवार के संपर्क में हाथ बनाए रखें।

दीवार जहाँ मुड़े, आप भी उसी के साथ मुड़ें।

**कब उपयोग करें:**

सरल संयोजित भूल-भुलैयों में सबसे अच्छा (जहाँ अलग-थलग खंड न हों)।

द्वीपों/तैरती दीवारों वाली भूल-भुलैयों में यह हमेशा कारगर नहीं।

**फायदे**: पालन करना आसान; स्मृति/मैपिंग नहीं चाहिए।

**नुकसान**: यदि सही रास्ता बाहरी दीवार से दूर है तो समय लग सकता है।

## 2. आगे देखिए और योजना बनाइए

**कैसे काम करता है:**

आगे की राहों को पहले से परखें—संभावित बंद गलियों या छोटी राहों को पहचानें।

दृश्य संकेतों से आँकें कि कौन-सा मार्ग आगे बढ़ेगा या लौटेगा।

**कब उपयोग करें:**

कागज़ी भूल-भुलैयों या जहाँ दृश्यता अच्छी हो।

**फायदे**: बेवजह पीछे लौटने से बचाव; गति तेज़।

**नुकसान:** सतर्क अवलोकन और कभी-कभी परीक्षण-त्रुटि चाहिए।

## 3. निकास से उलटा काम करें

**कैसे काम करता है:**

निकास से शुरू कर प्रवेश तक रास्ता पीछे-की-ओर बनाइए।

कभी-कभी सही राह पहचानना सरल हो जाता है।

**कब उपयोग करें:**

जब पूरी भूल-भुलैया एक साथ दिख रही हो।

**फायदे:** कई बार निकास की ओर विकल्प कम होते हैं।

**नुकसान:** वास्तविक भूल-भुलैयों में हमेशा संभव/अनुमति-प्राप्त नहीं।

## 4. कागज़ी भूल-भुलैयों में हल्की पेंसिल का प्रयोग

**कैसे काम करता है:**

राह को बहुत हल्के से चिन्हित करें ताकि गलतियाँ मिटा सकें।

बंद गलियों को चिह्नित करें, ताकि दोबारा न लौटें।

**कब उपयोग करें:**

प्रिंटेड या खींची गई भूल-भुलैयों में।

**फायदे:** खोजे गए मार्गों का हिसाब रहता है।

**नुकसान:** धैर्य और एकाग्रता चाहिए।

## 5. "ब्रेडक्रंब" छोड़िए (वास्तविक भूल-भुलैयाँ)

**कैसे काम करता है:**

चौराहों पर छोटा-सा निशान (जैसे सिक्का/कंकड़) छोड़ें।

आजमाए गए मार्गों को चिह्नित करें, ताकि घूमते न रहें।

**कब उपयोग करें:**

कॉर्न-मेज़, एस्केप-रूम जैसी वास्तविक परिस्थितियों में।

**फायदे:** बार-बार एक ही जगह लौटने से बचाव।

**नुकसान**: हर जगह अनुमति नहीं मिलती/संभव नहीं।

## 6. डेड-एंड भरना (एल्गोरिदमिक तरीका)

**कैसे काम करता है:**

सभी बंद गलियों की पहचान कर उन्हें चिह्नित करें।
पीछे से चलकर उन राहों को हटाते जाएँ जो आगे कहीं नहीं जातीं।

**कब उपयोग करें:**

जब पूरी रूपरेखा सामने हो—कागज़ या डिजिटल भूल-भुलैयों में।

**फायदे:** सही रास्ता अलग करके मिल जाता है।

**नुकसान:** बड़ी भूल-भुलैयों में समयसाध्य।

## 7. मानचित्र बनाइए (जटिल भूल-भुलैयों के लिए)

**कैसे काम करता है:**

जिन रास्तों को परखा, उनका नक्शा बनाइए।

शाखाएँ, लूप और चौराहे चिह्नित करें।

**कब उपयोग करें:**

बहु-लूप/जटिल भूल-भुलैयों में, या जब लंबे समय तक हल कर रहे हों।
**फायदे:** अभिलेख बनता है; अत्यंत प्रभावी।
**नुकसान:** समय और श्रम चाहिए।

## अतिरिक्त सुझाव

**शांत रहें:** खो जाना भी अनुभव का हिस्सा है।
**चिन्हों का उपयोग:** असली भूल-भुलैयों में अनोखी चीज़ों को पहचानें।
**अपने चुनाव दर्ज रखें:** मन में या कागज़ पर—बाएँ/दाएँ मोड़।
**लक्ष्य जानें:** केंद्र, निकास, या कोई छिपी वस्तु?

# 9×12 आसान वर्ग भूल-भुलैयाँ

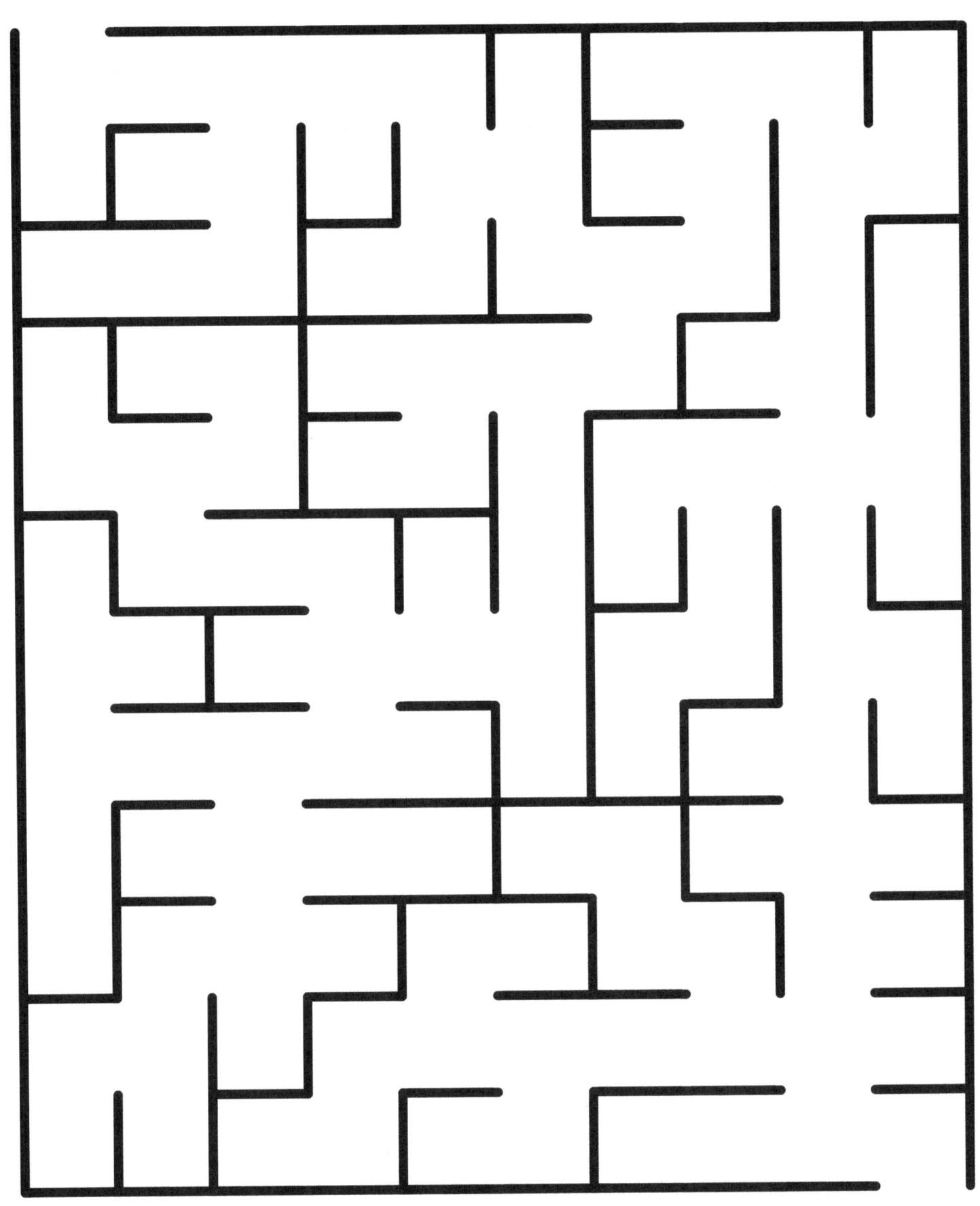

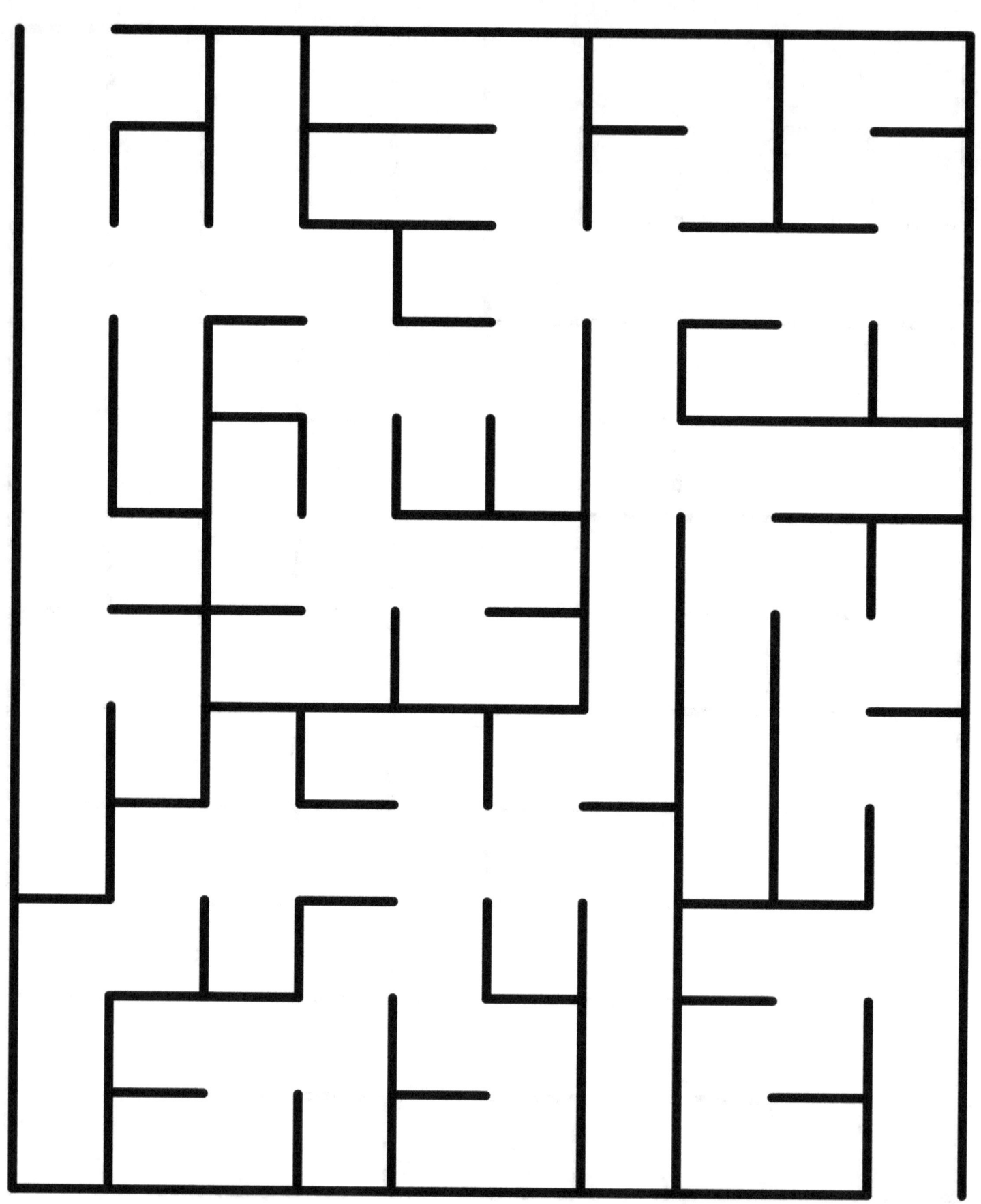

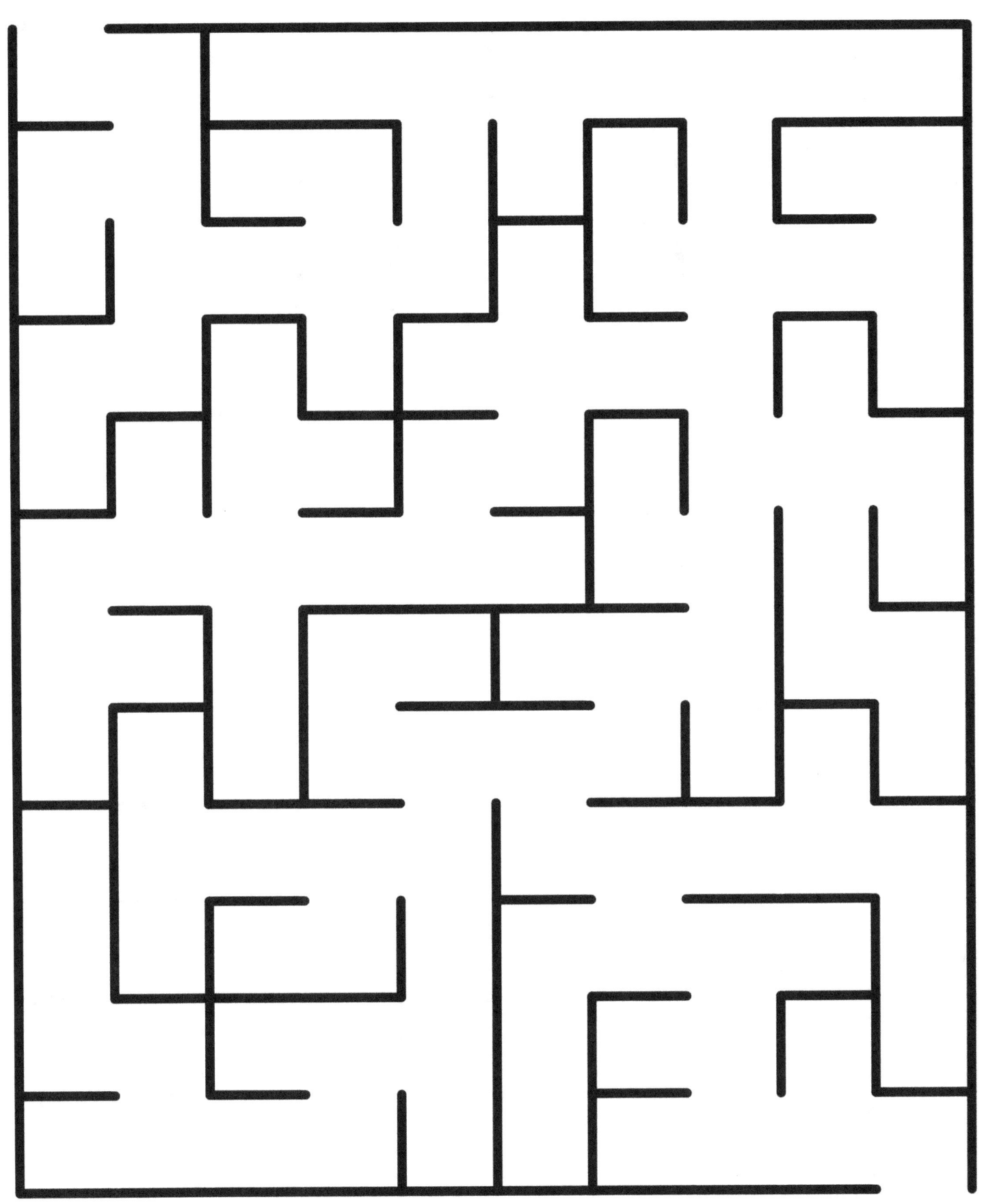

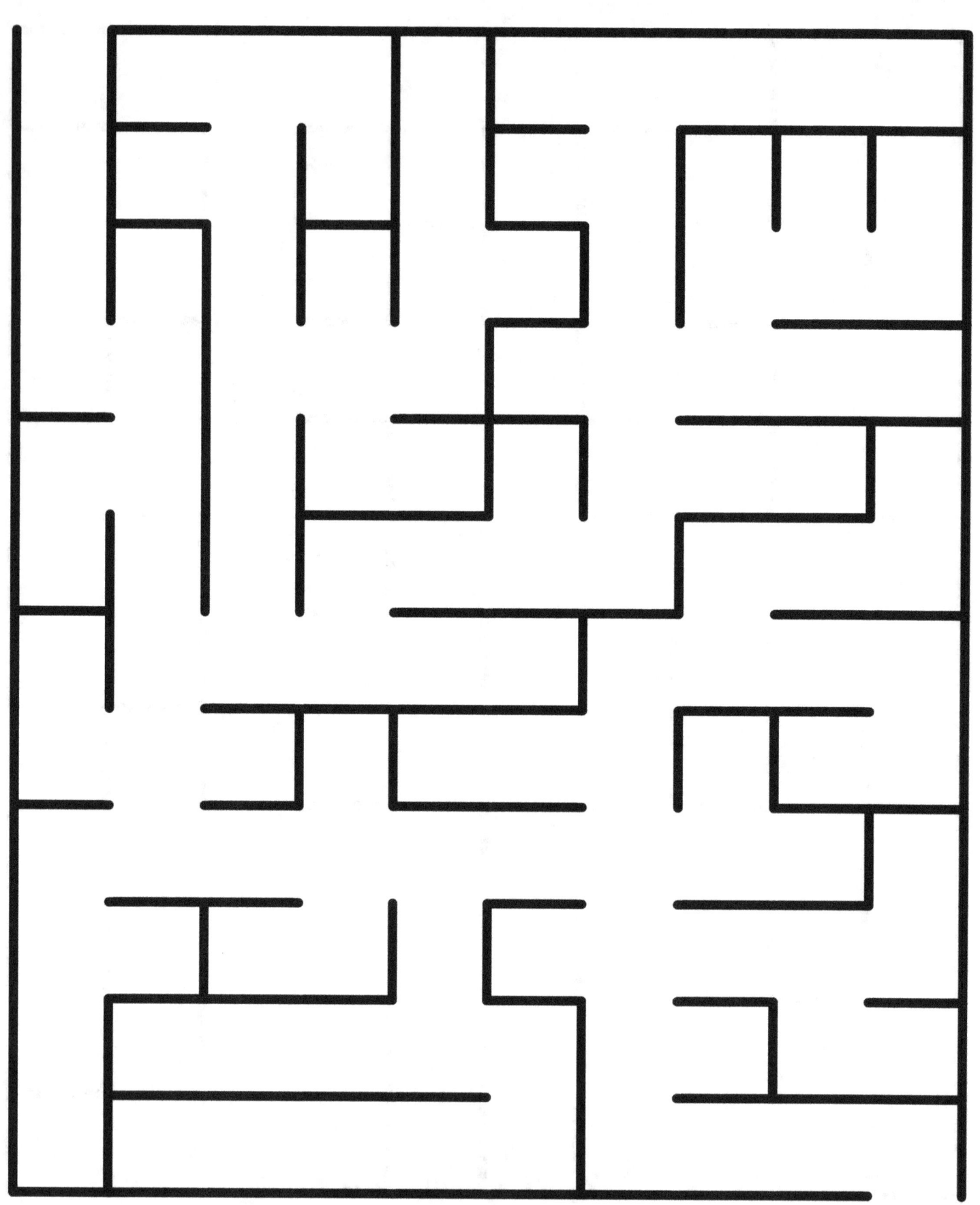

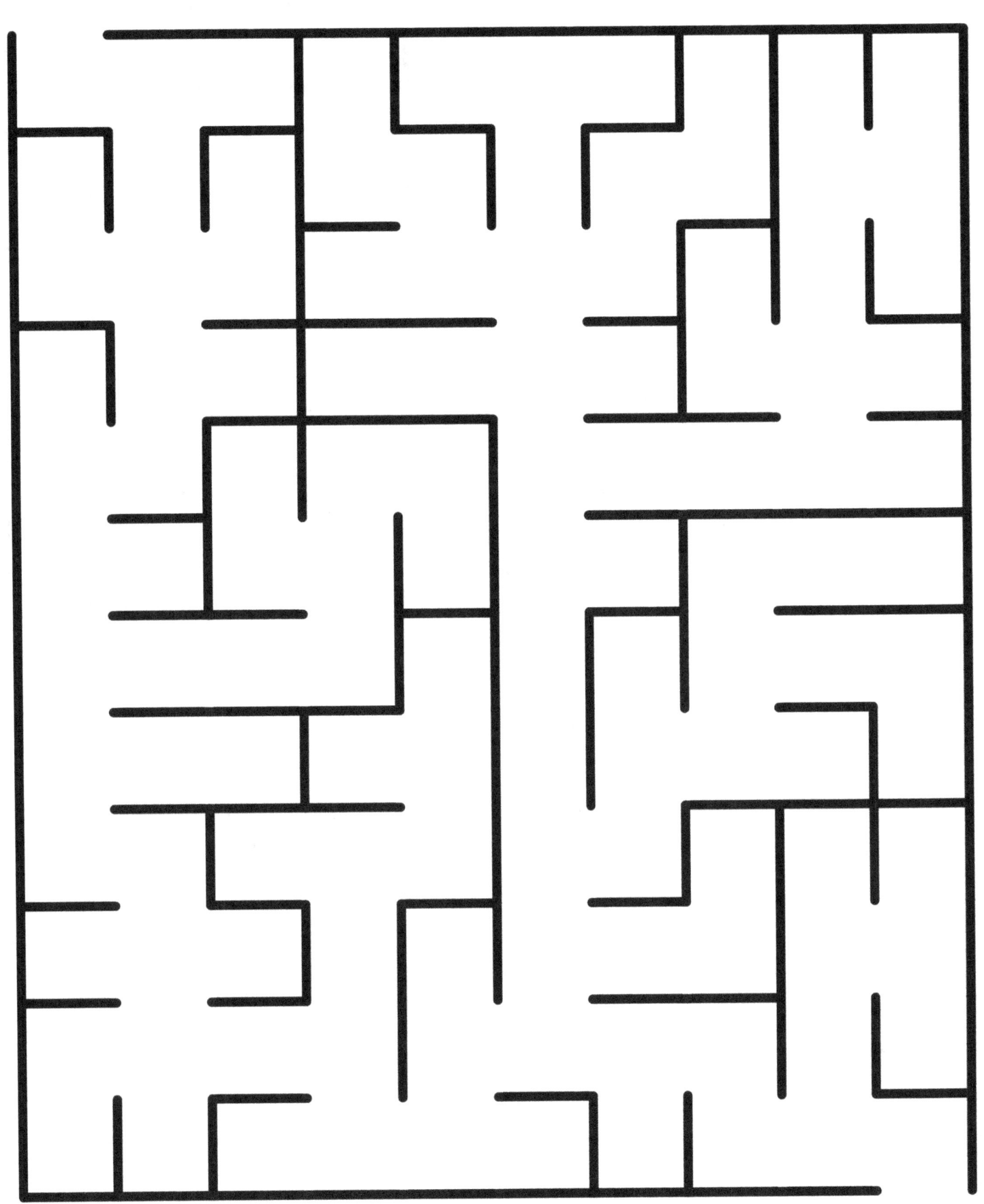

## 12×15 आसान वर्ग भूल-भुलैयाँ

# 12×15 मध्यम वर्ग भूल-भुलैयाँ

## 20×24 मध्यम वर्ग भूल-भुलैयाँ

## 20×24 कठिन वर्ग भूल-भुलैयाँ

## 30×37 कठिन वर्ग भूल-भुलैयाँ

# 9×12 आसान त्रिभुज भूल-भुलैयाँ

## 12×15 आसान त्रिभुज भूल-भुलैयाँ

## 12×15 मध्यम त्रिभुज भूल-भुलैयाँ

# 20×24 मध्यम त्रिभुज भूल-भुलैयाँ

# 20×24 कठिन त्रिभुज भूल-भुलैयाँ

# 30×37 कठिन त्रिभुज भूल-भुलैयाँ

## 12×19 आसान षट्भुज भूल-भुलैयाँ

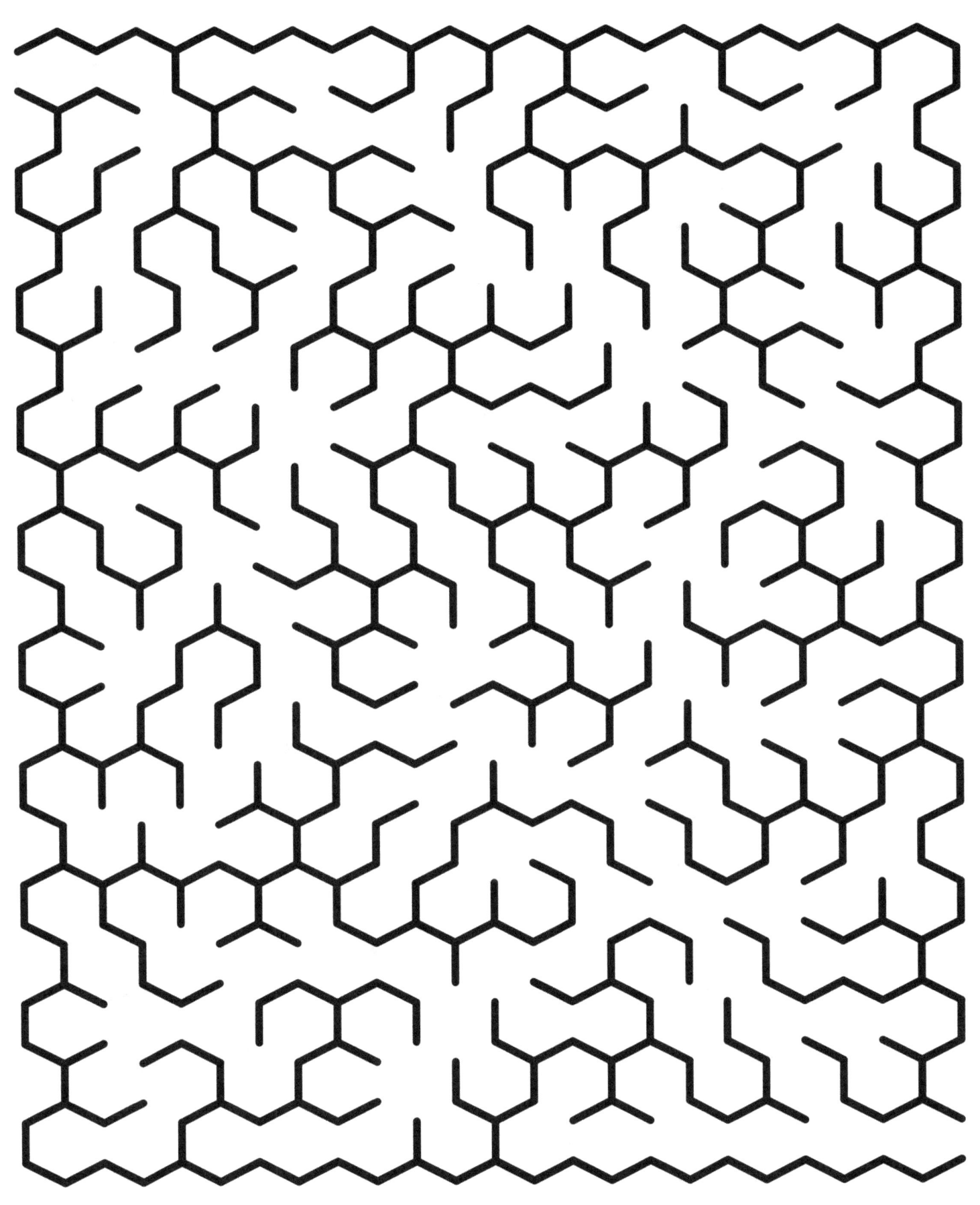

## 15×23 आसान षट्भुज भूल-भुलैयाँ

## 15×23 मध्यम षट्भुज भूल-भुलैयाँ

## 24×39 मध्यम षट्भुज भूल-भुलैयाँ

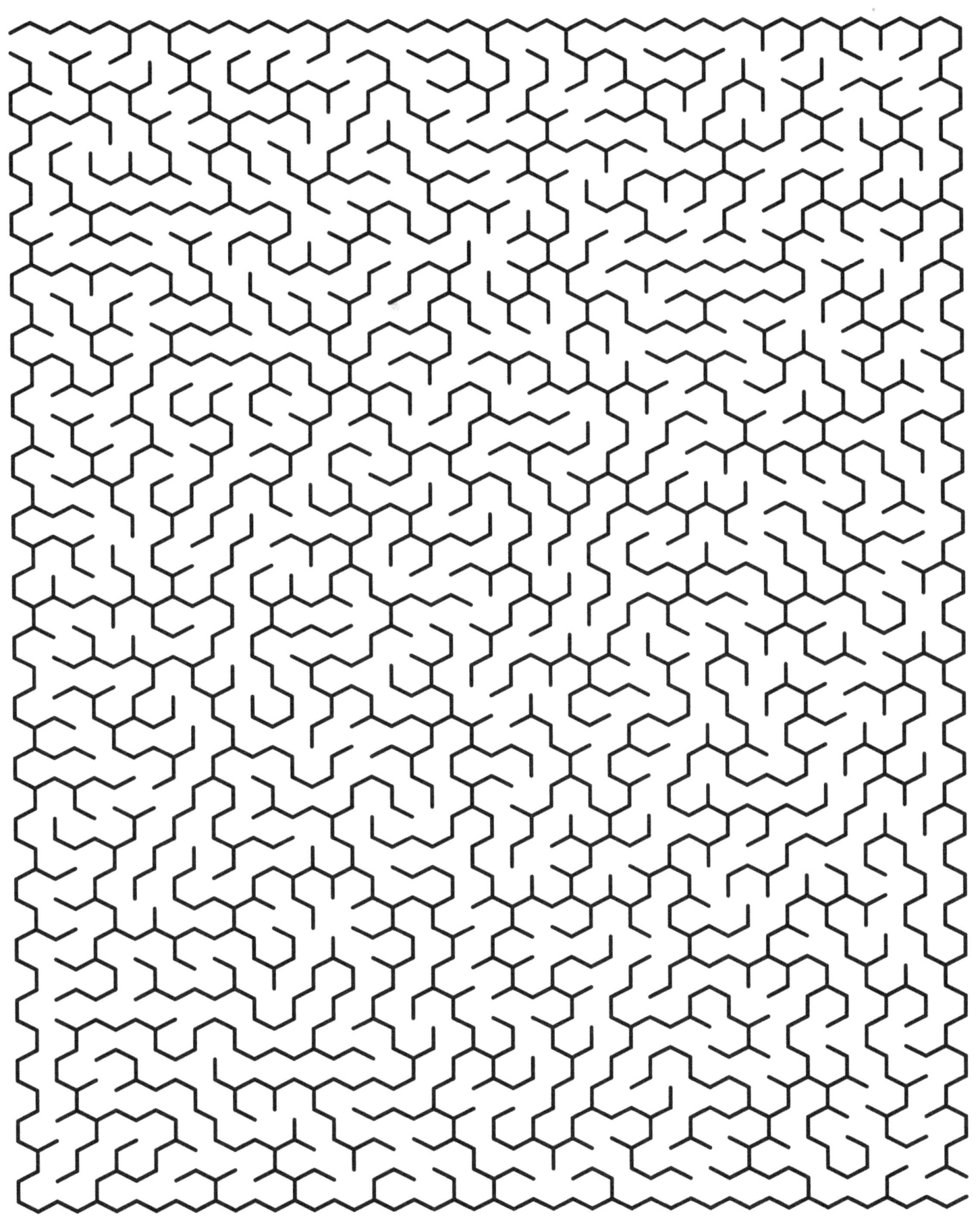

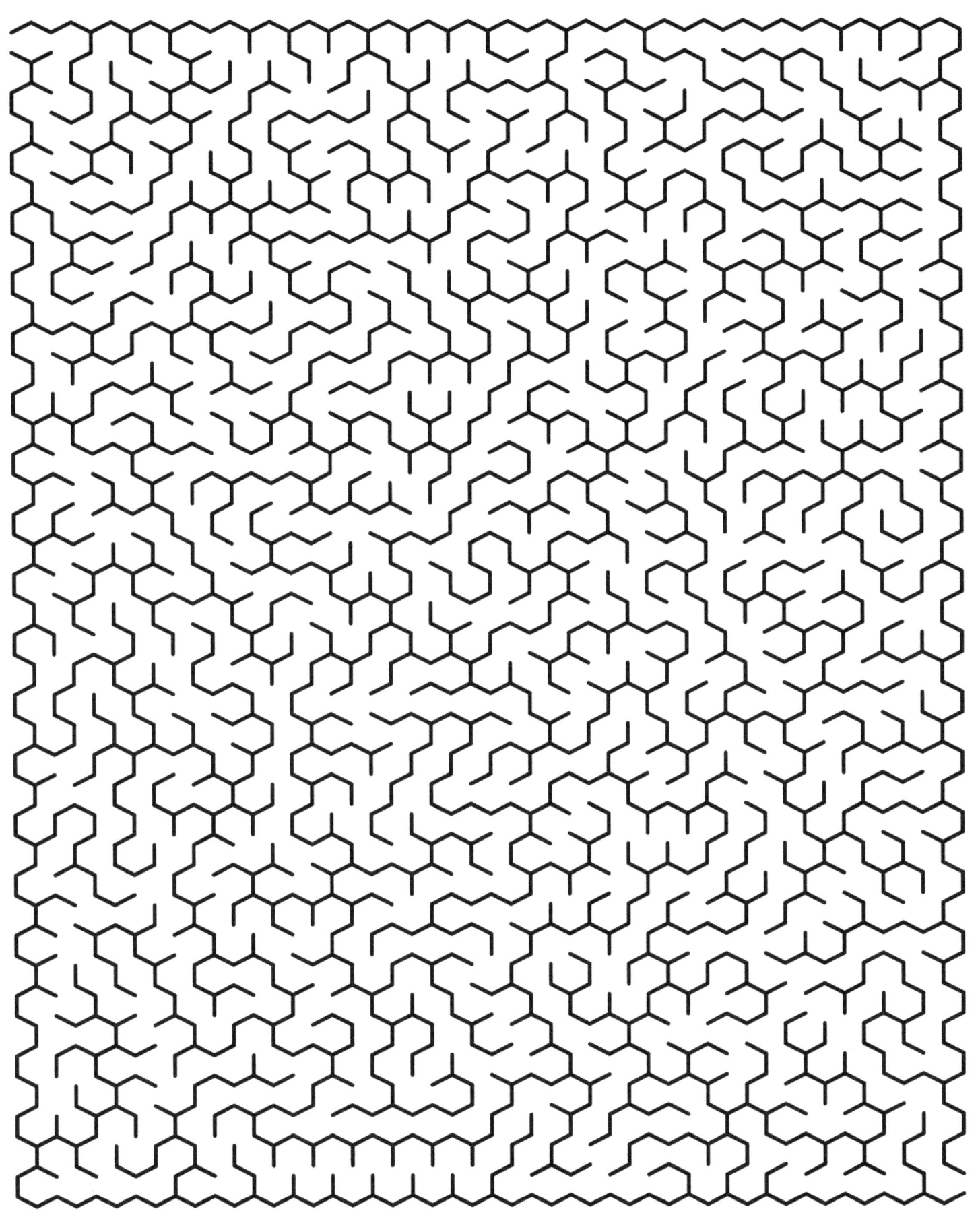

## 24×39 कठिन षट्भुज भूल-भुलैयाँ

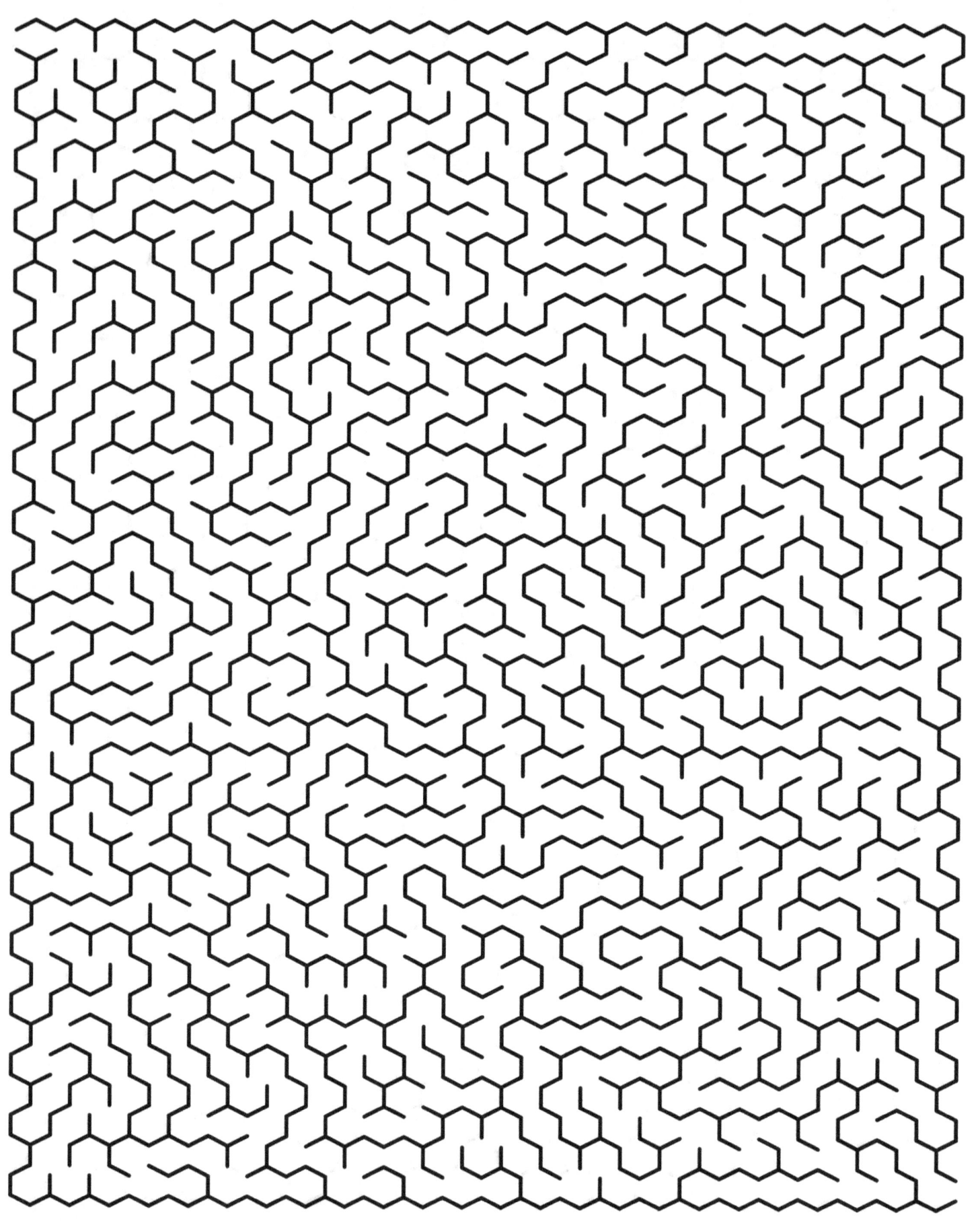

# 37×59 कठिन षट्भुज भूल-भुलैयाँ

# 9×12 आसान हीरा भूल-भुलैयाँ

# 12×15 आसान हीरा भूल-भुलैयाँ

## 12×15 मध्यम हीरा भूल-भुलैयाँ

## 20×24 मध्यम हीरा भूल-भुलैयाँ

## 20×24 कठिन हीरा भूल-भुलैयाँ

## 30×37 कठिन हीरा भूल-भुलैयाँ

### 9×12 आसान स्नब-स्केयर भूल-भुलैयाँ

## 12×15 आसान स्नब-स्क्वेयर भूल-भुलैयाँ

# 12×15 मध्यम स्नब-स्क्वेयर भूल-भुलैयाँ

## 20×24 मध्यम स्नब-स्केयर भूल-भुलैयाँ

# 20×24 कठिन स्नब-स्केयर भूल-भुलैयाँ

# 30×37 कठिन स्नब-स्केयर भूल-भुलैयाँ

### 9×12 आसान स्नब-स्केयर 2 भूल-भुलैयाँ

## 9×12 आसान काहिरा भूल-भुलैयाँ

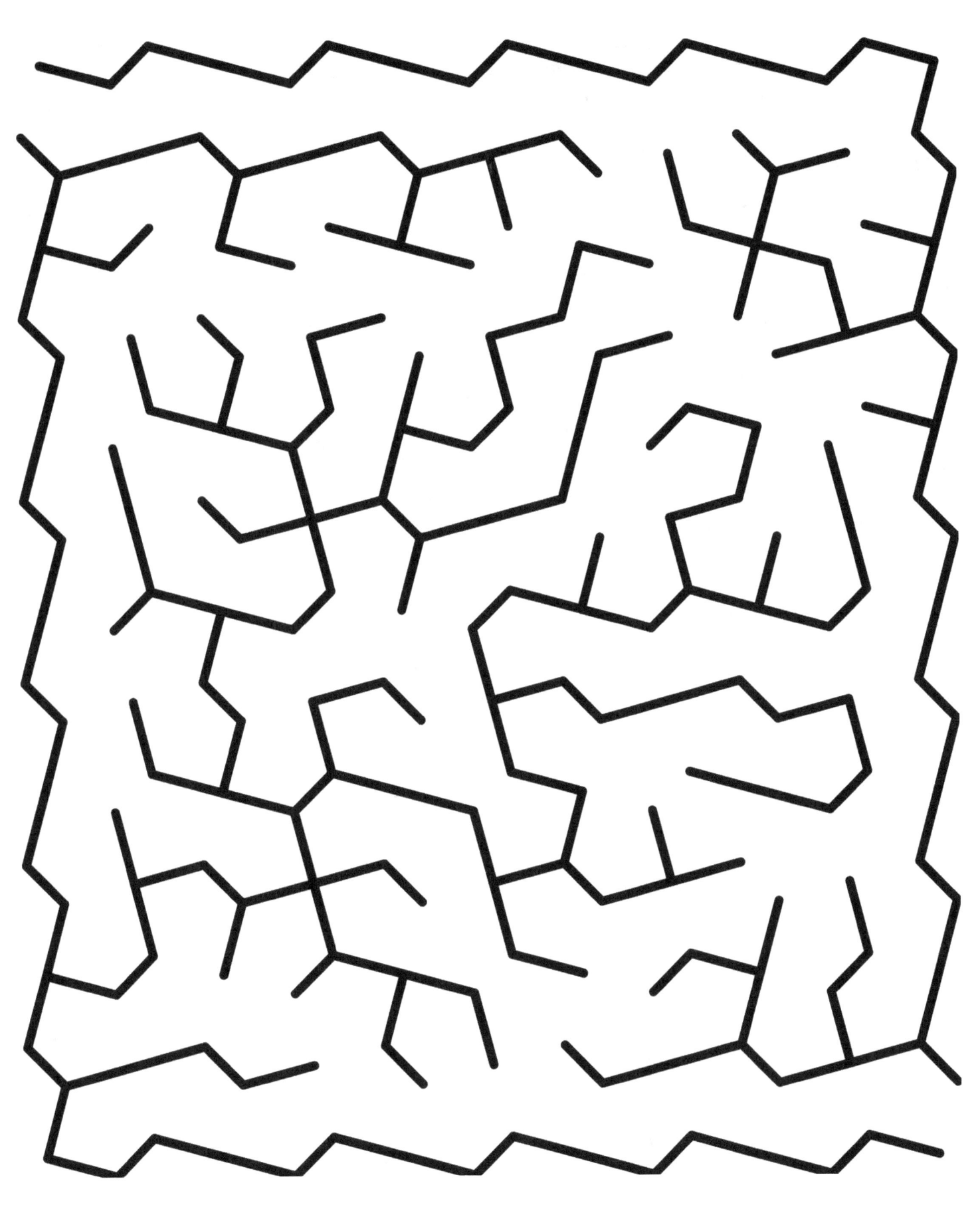

## 12×15 आसान काहिरा भूल-भुलैयाँ

### 13×16 आसान काहिरा भूल-भुलैयाँ

## 13×15 मध्यम काहिरा भूल-भुलैयाँ

## 20×24 मध्यम काहिरा भूल-भुलैयाँ

## 20×24 कठिन काहिरा भूल-भुलैयाँ

# 30×37 कठिन काहिरा भूल-भुलैयाँ

## 20×20 कठिन वृत्ताकार भूल-भुलैयाँ

## 25×25 कठिन वृत्ताकार भूल-भुलैयाँ

# 30×30 कठिन वृत्ताकार भूल-भुलैयाँ

# 35×35 कठिन वृत्ताकार भूल-भुलैयाँ

# 9×12 आसान स्क्वेयर-ट्रायंगल भूल-भुलैयाँ

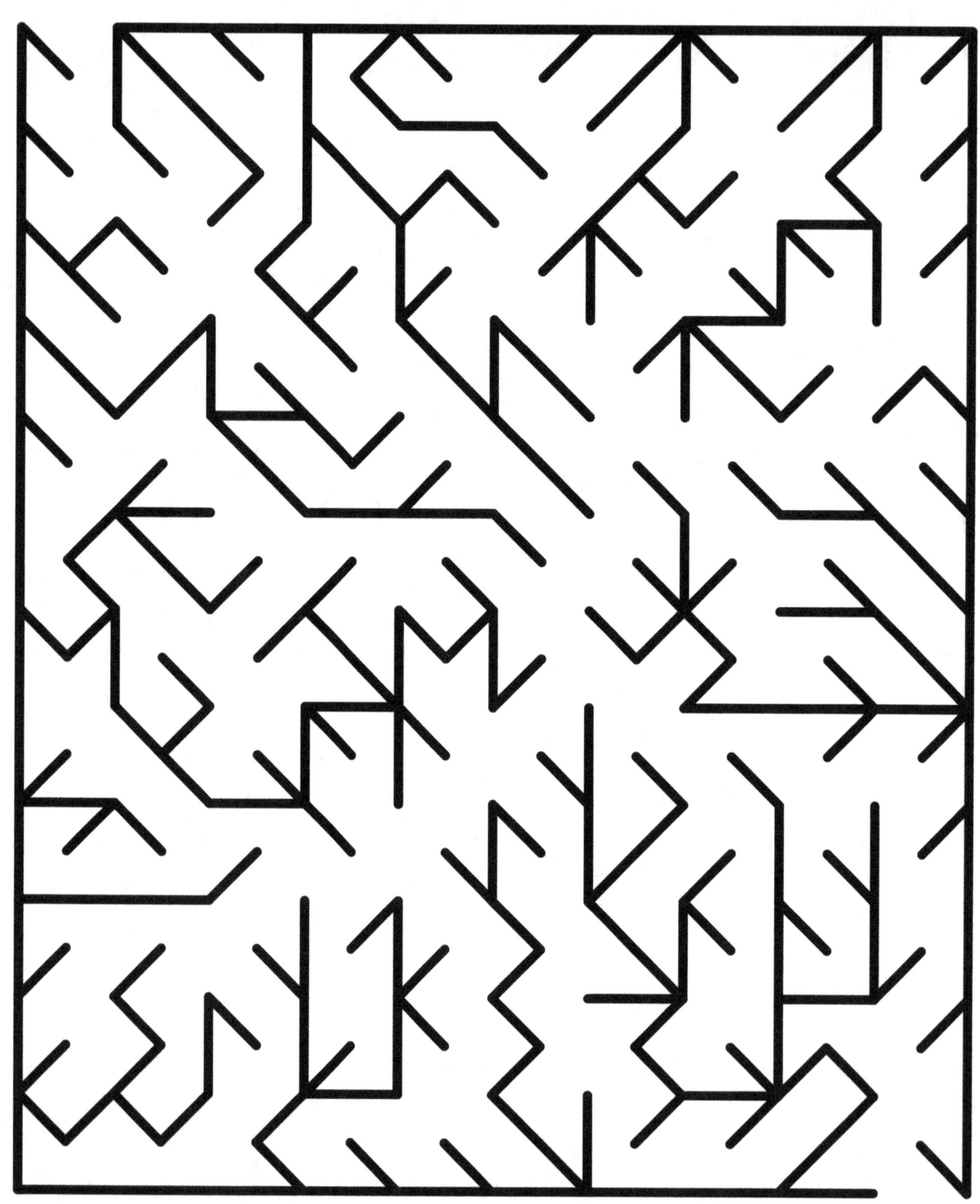

## 12×15 आसान स्क्वेयर-ट्रायंगल भूल-भुलैयाँ

## 12×15 मध्यम स्क्वेयर-ट्रायंगल भूल-भुलैयाँ

## 20×24 मध्यम स्केयर-ट्रायंगल भूल-भुलैयाँ

## 20×24 कठिन स्केयर-ट्रायंगल भूल-भुलैयाँ

## 30×37 कठिन स्क्वेयर-ट्रायंगल भूल-भुलैयाँ

# समाधान

Page 4

Page 5

Page 6

Page 7

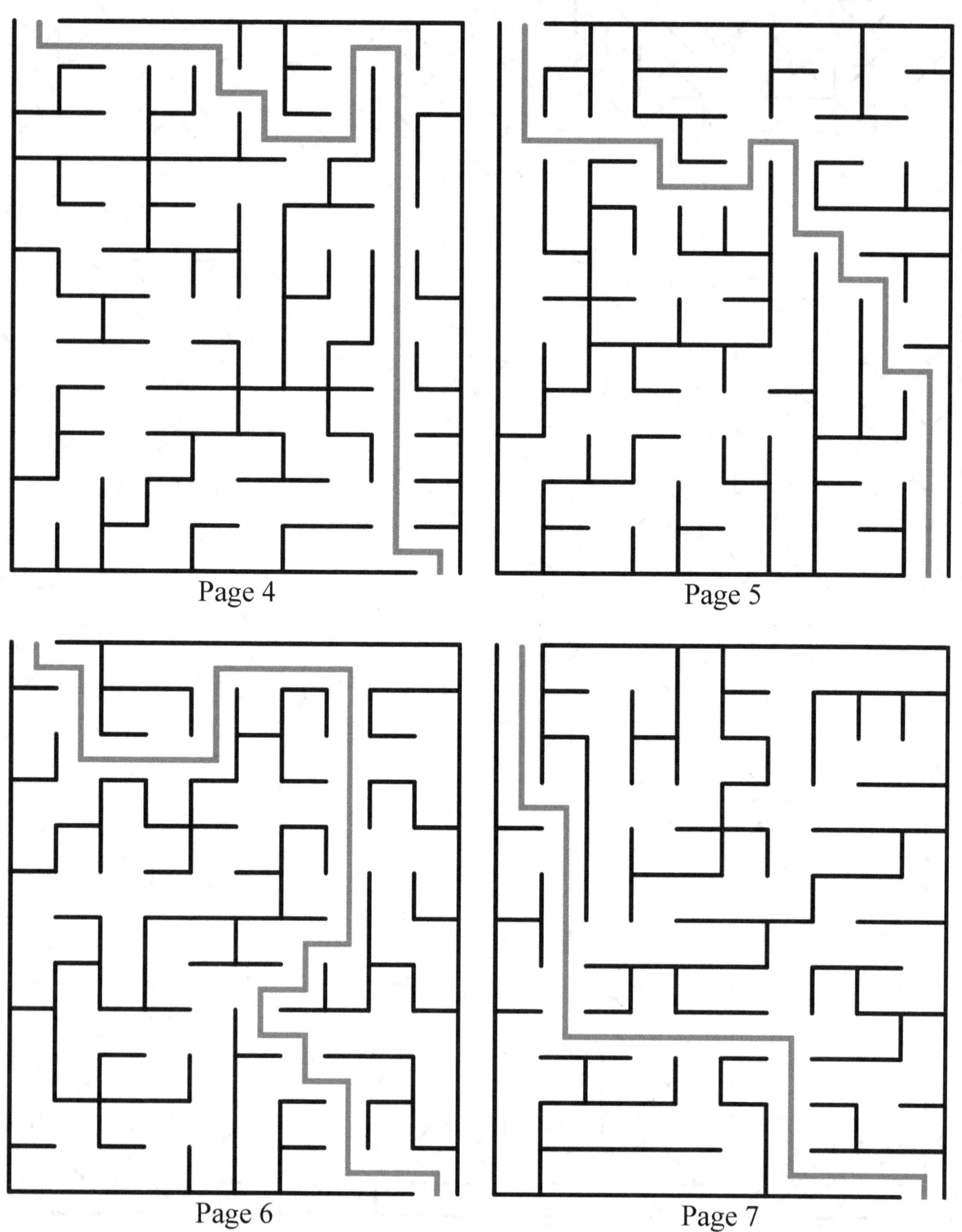

Page 8

Page 9

Page 10

Page 11

भूल-भुलैयों की भरमार! कॉपीराइट © 2025 डेविड ई. मैकएडम्स. 246

Page 12

Page 13

Page 14

Page 15

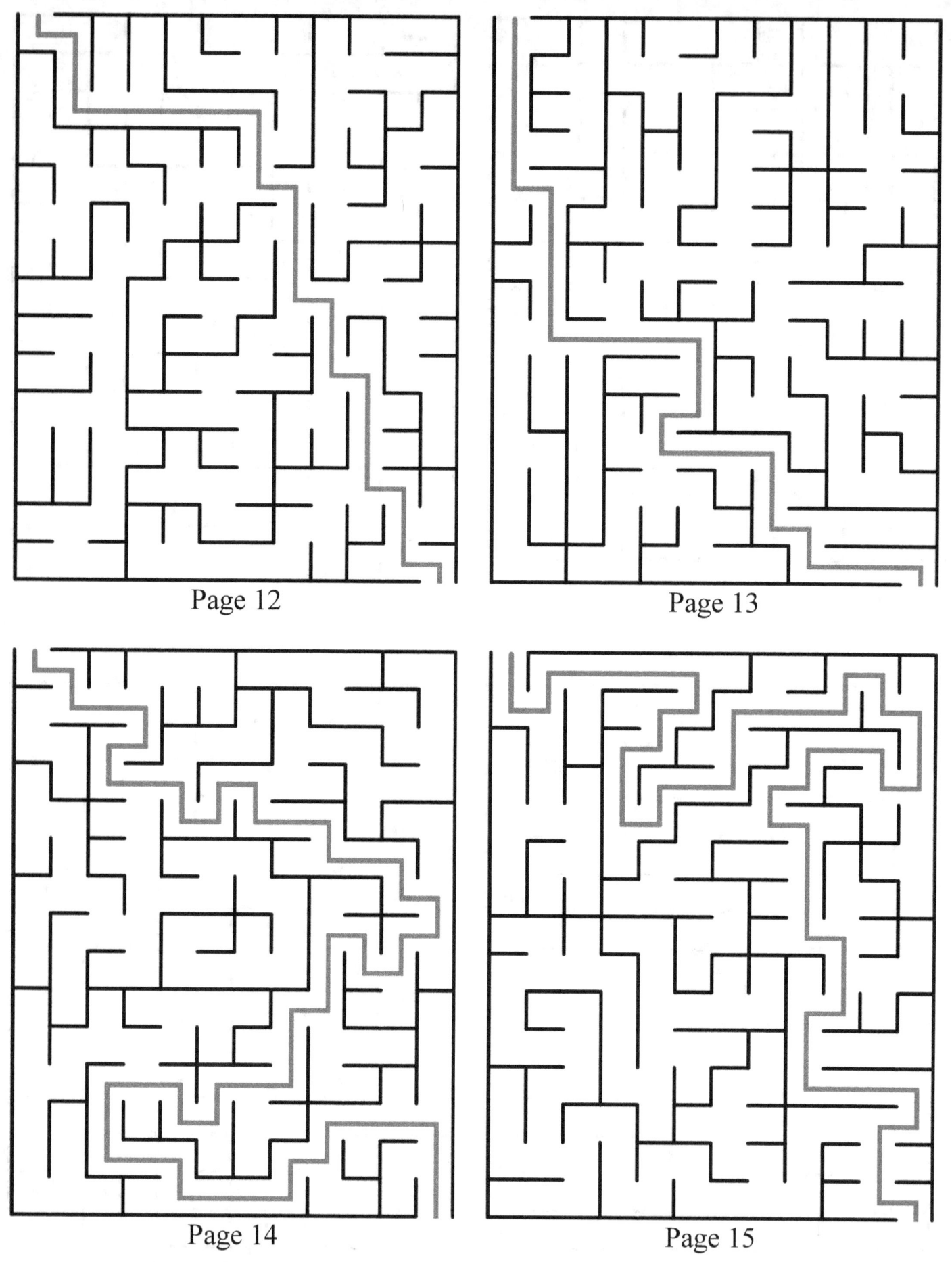

Page 16

Page 17

Page 18

Page 19

Page 20

Page 21

Page 22

Page 23

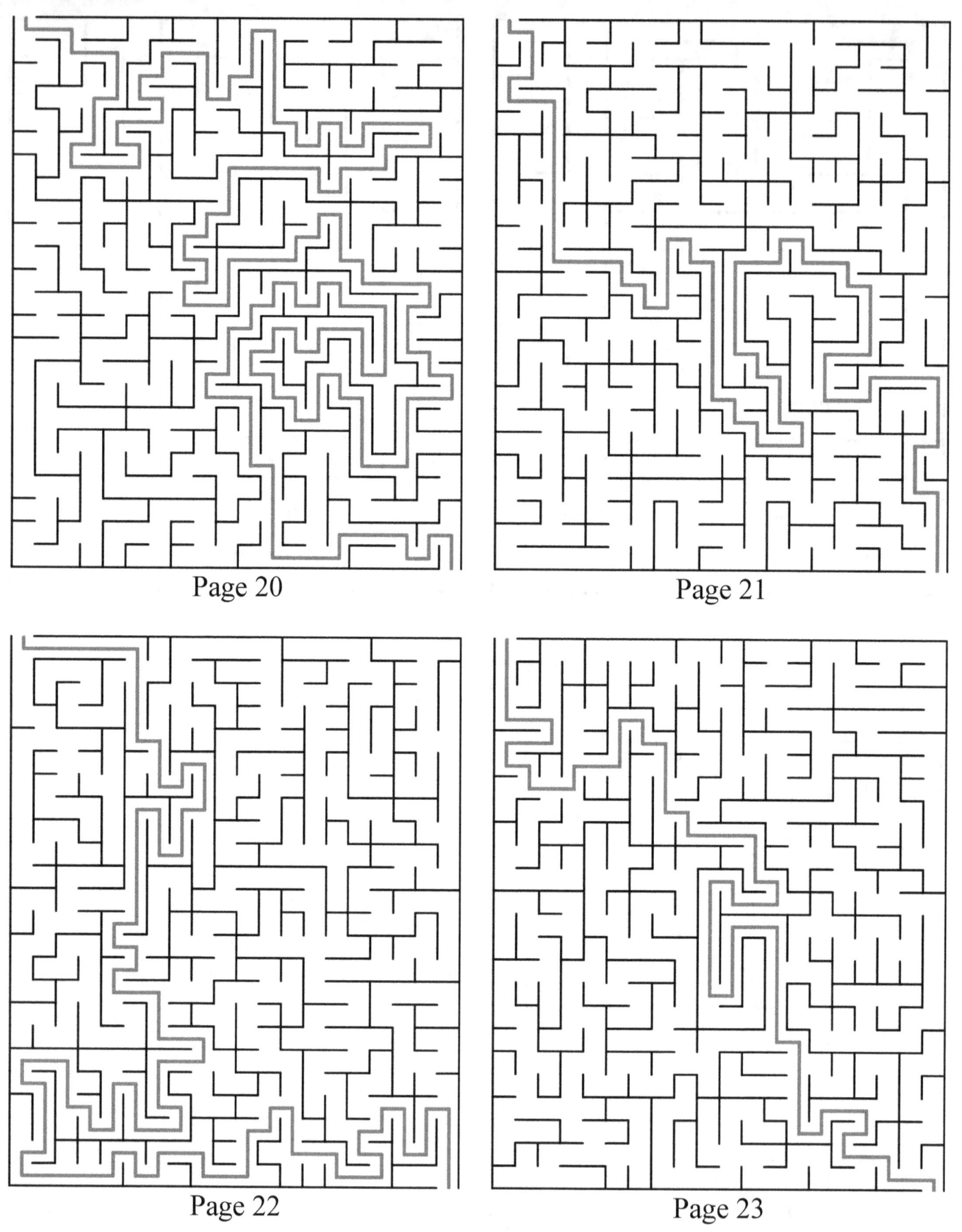

Page 24

Page 25

Page 26

Page 27

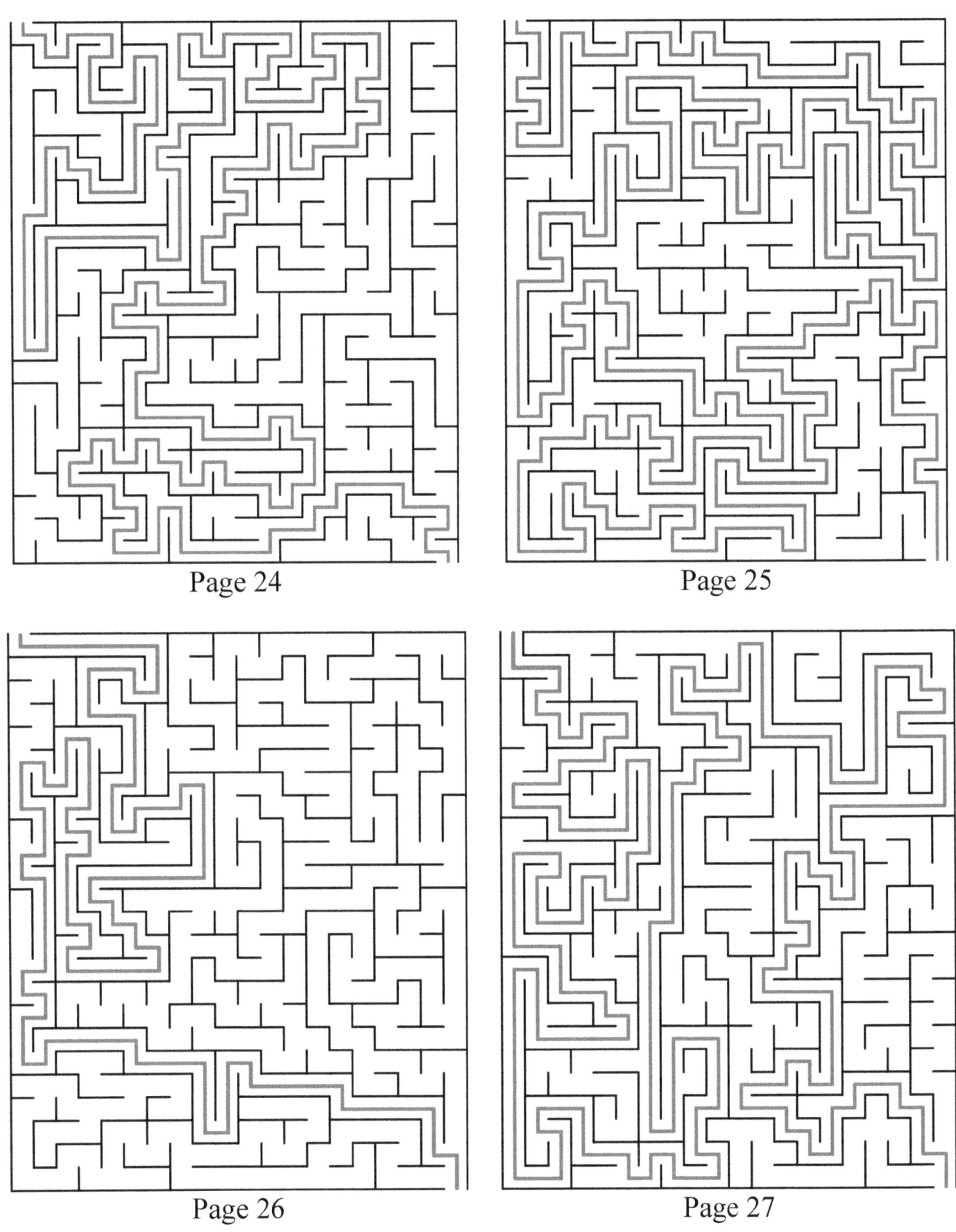

Page 28

Page 29

Page 30

Page 31

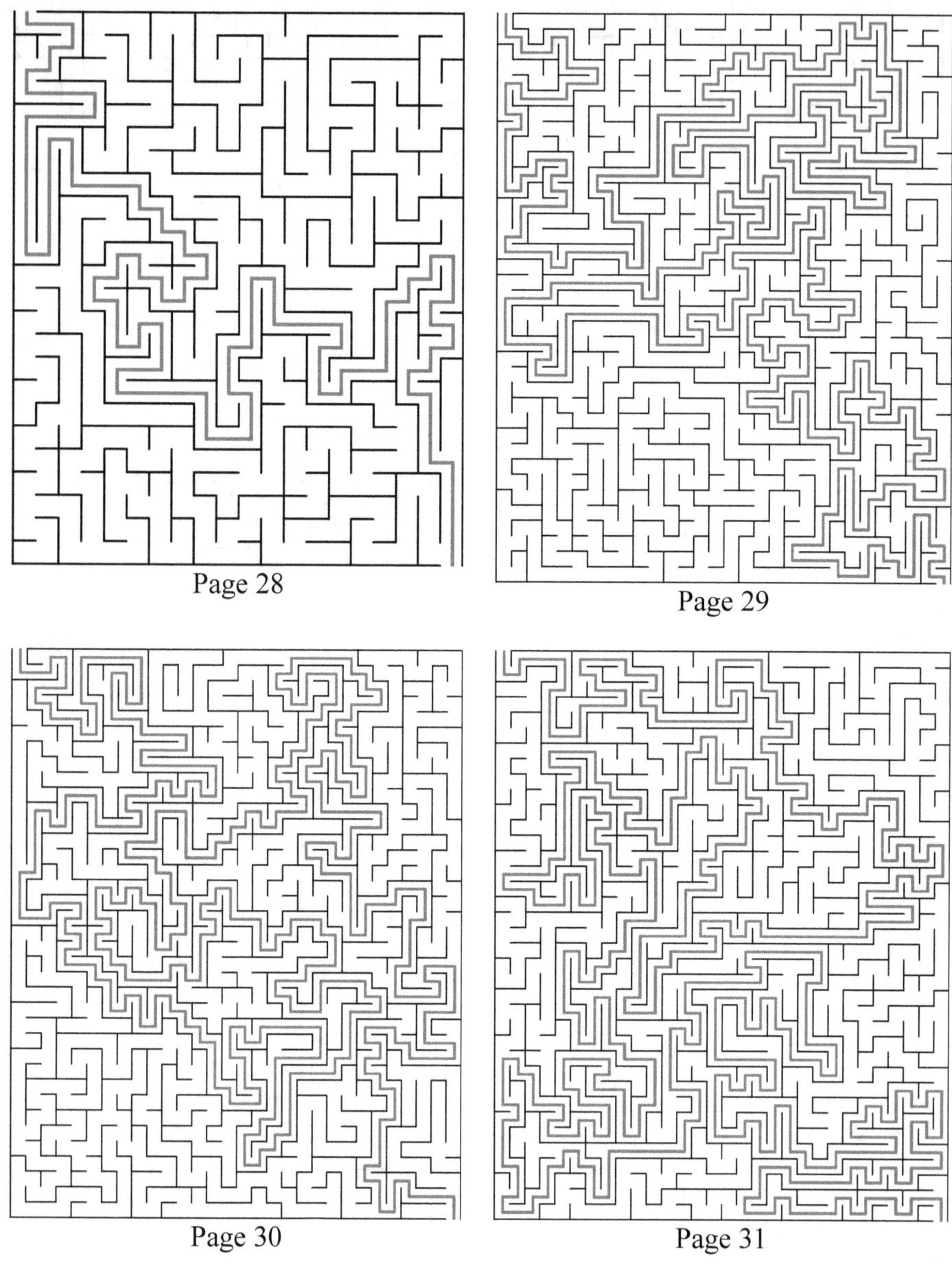

Page 32

Page 33

Page 34

Page 35

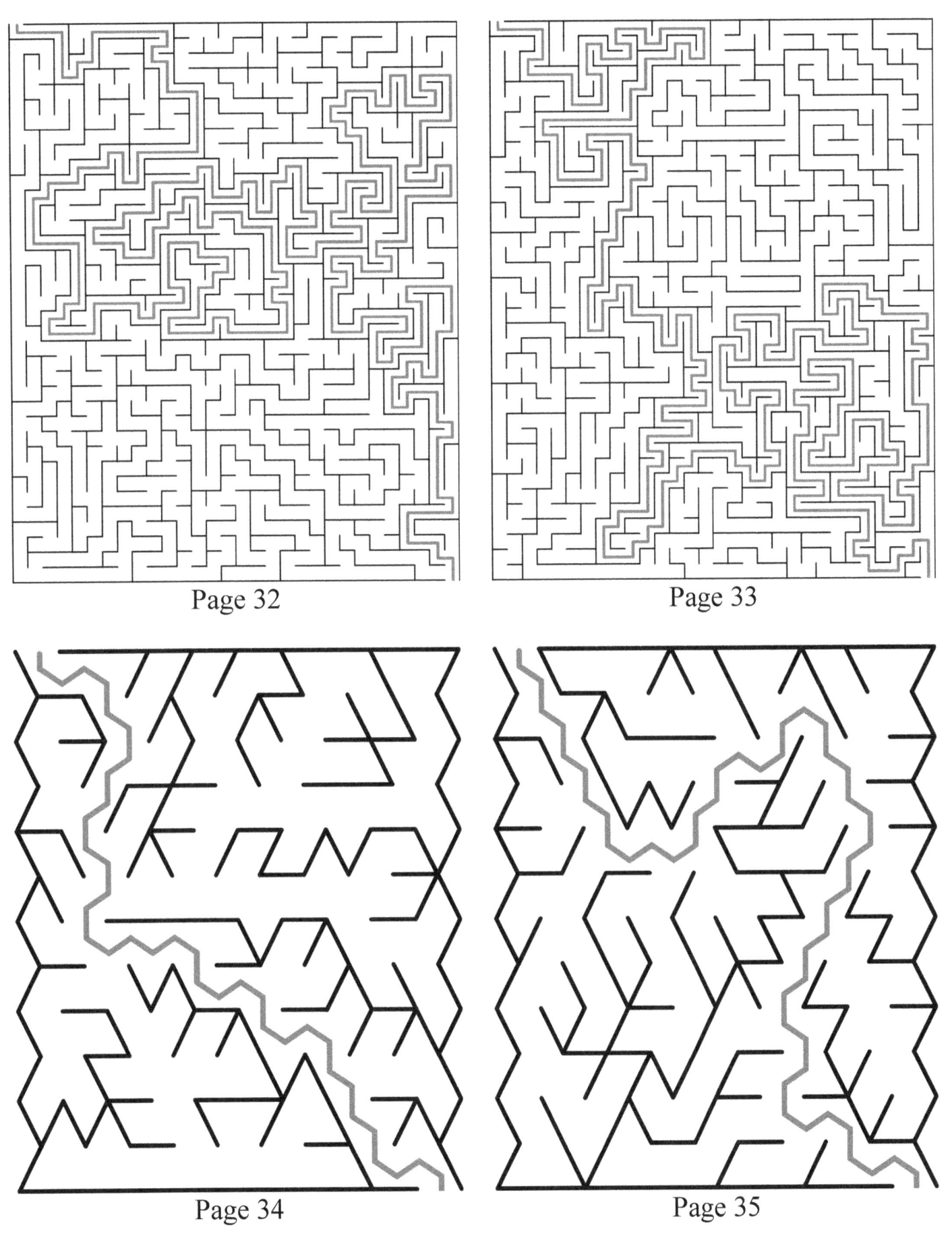

Page 36

Page 37

Page 38

Page 39

Page 40

Page 41

Page 42

Page 43

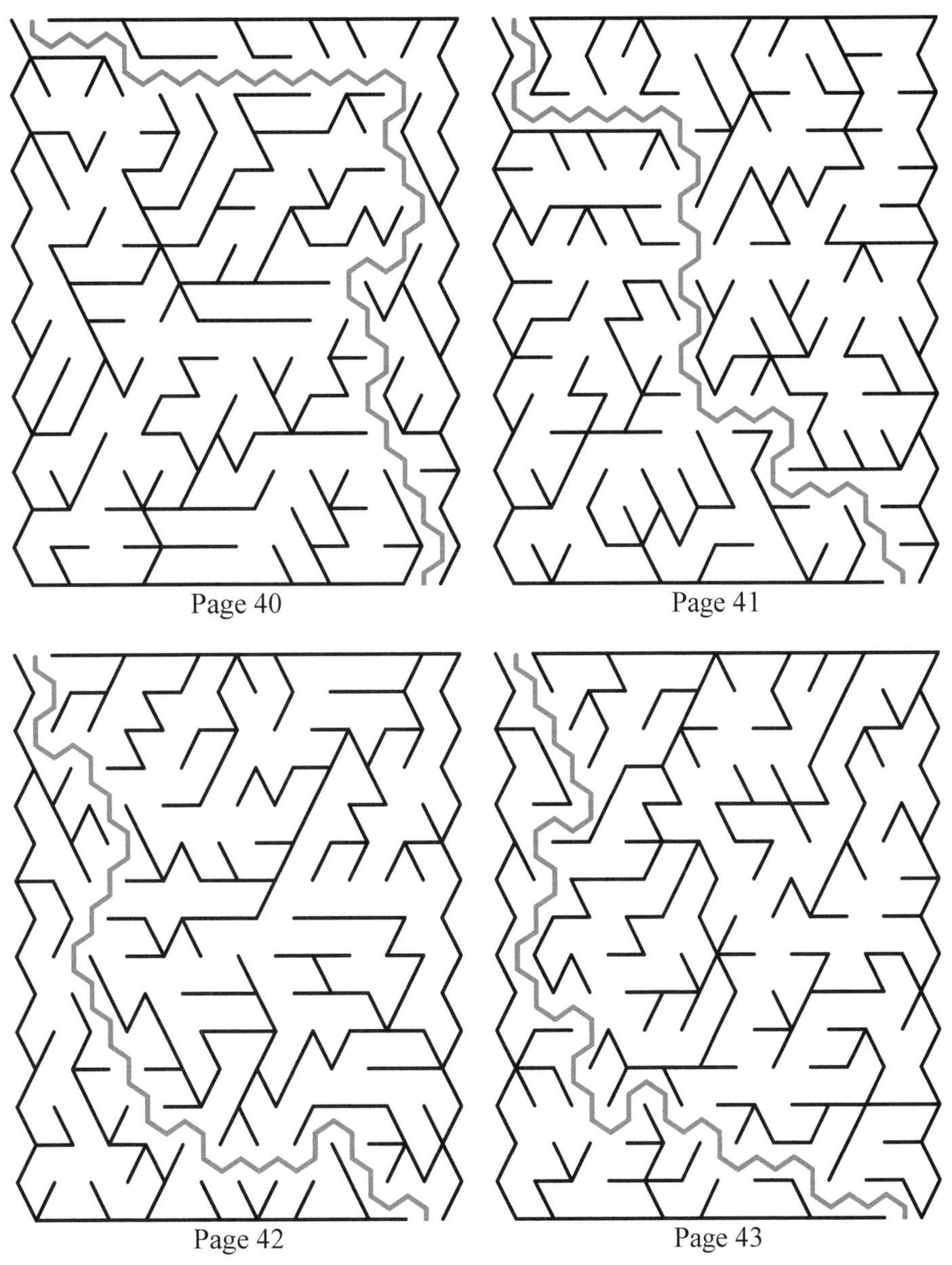

Page 44

Page 45

Page 46

Page 47

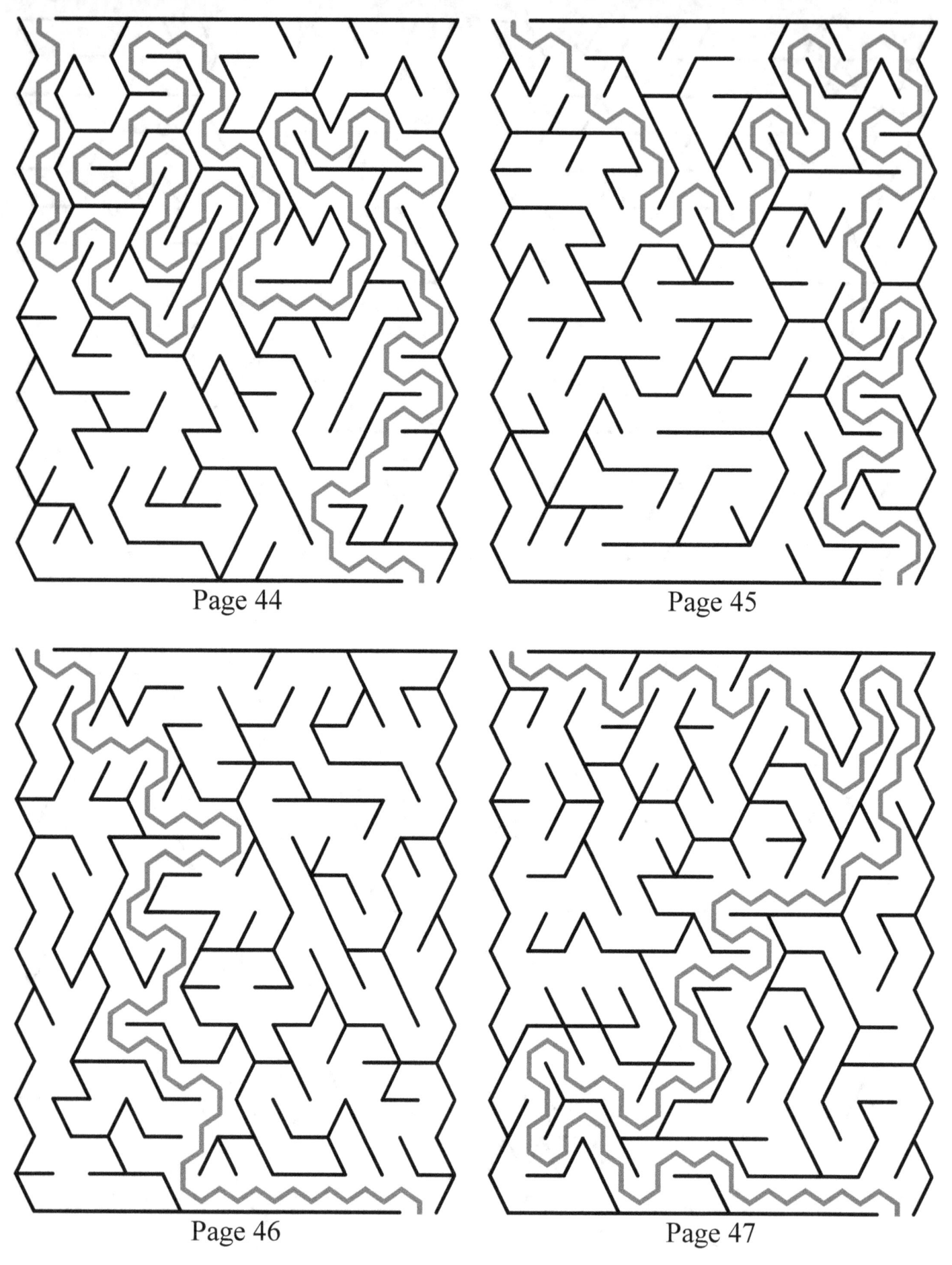

Page 48

Page 49

Page 50

Page 51

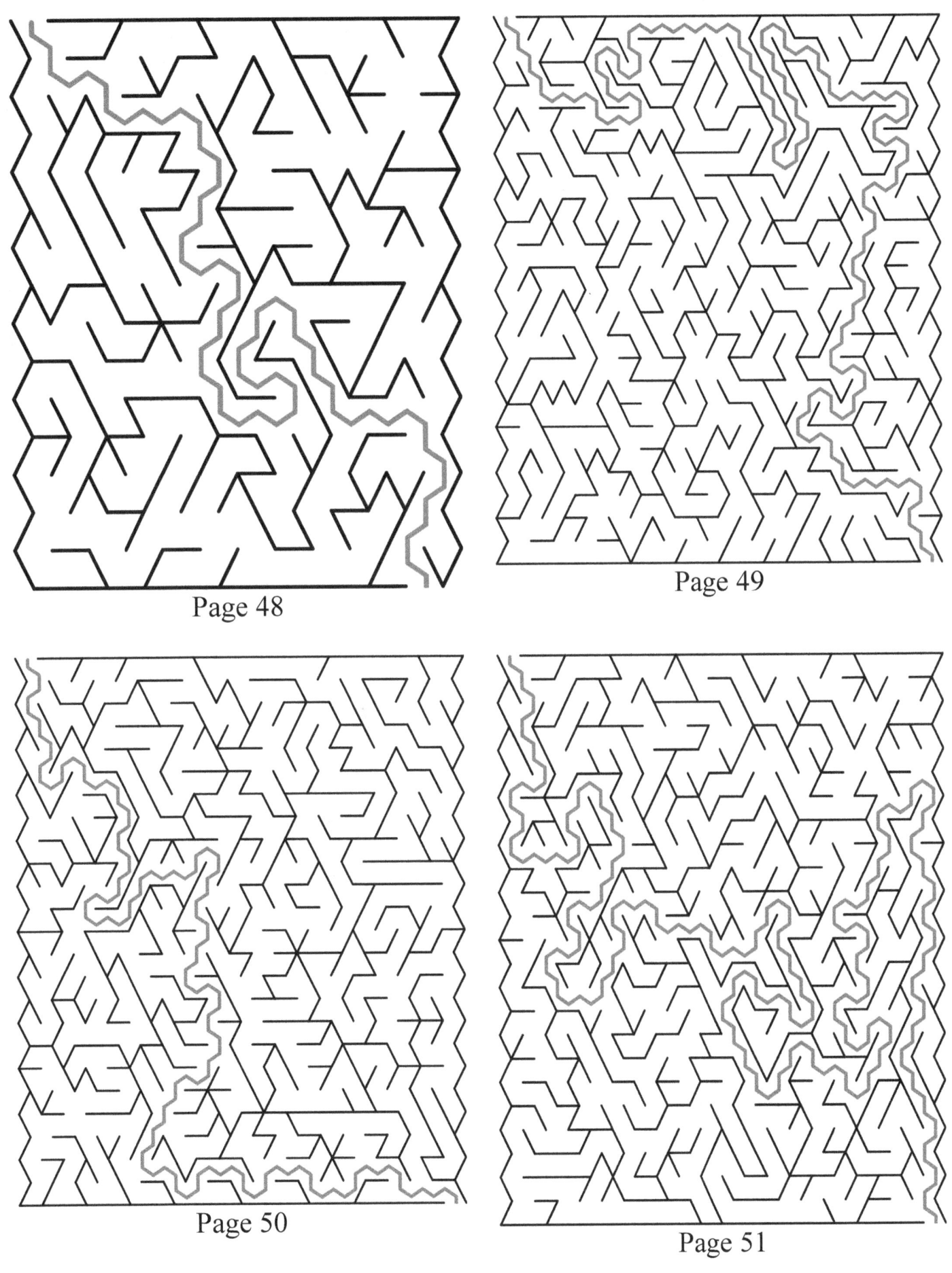

Page 52

Page 53

Page 54

Page 55

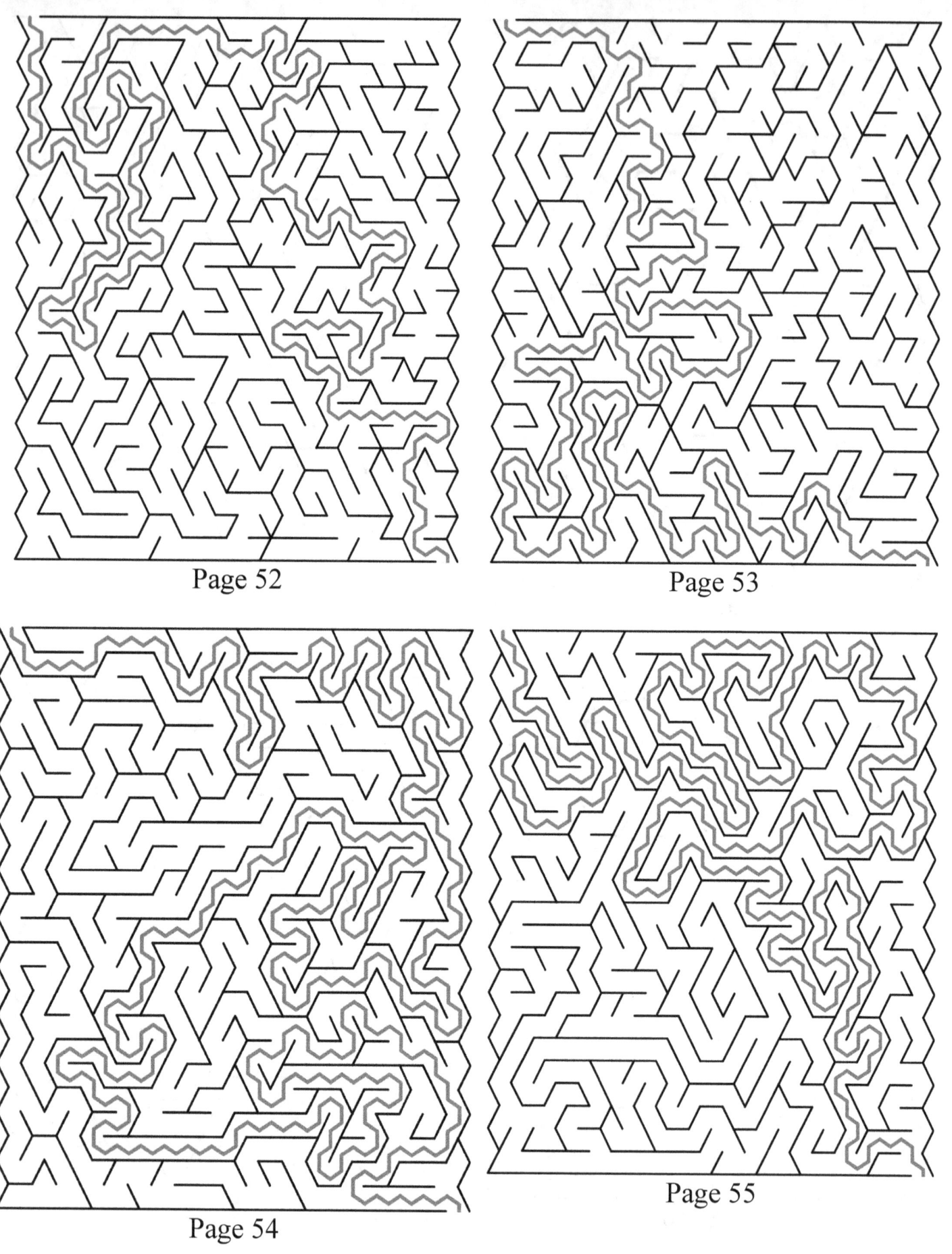

Page 56

Page 57

Page 58

Page 59

Page 60

Page 61

Page 62

Page 63

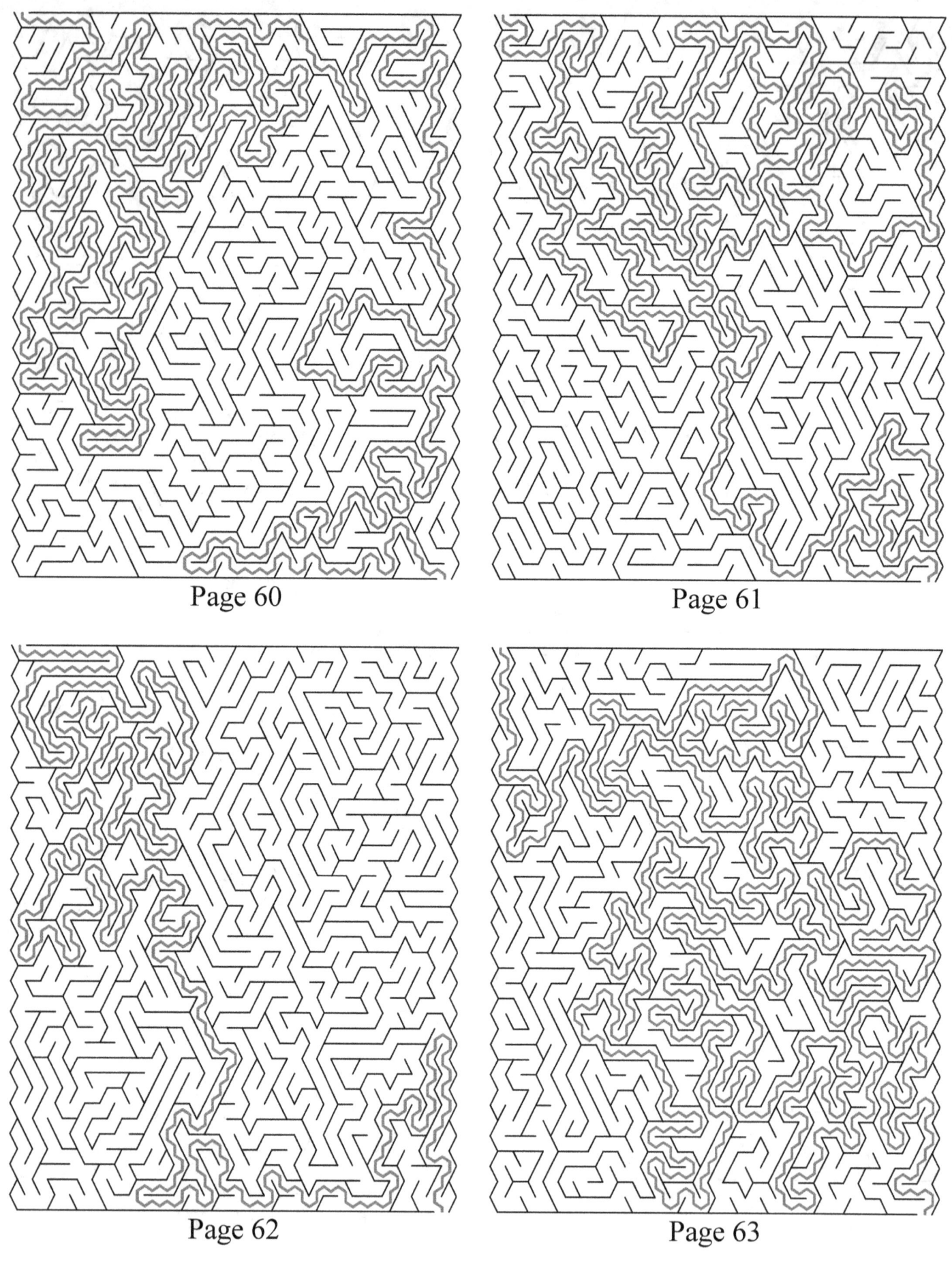

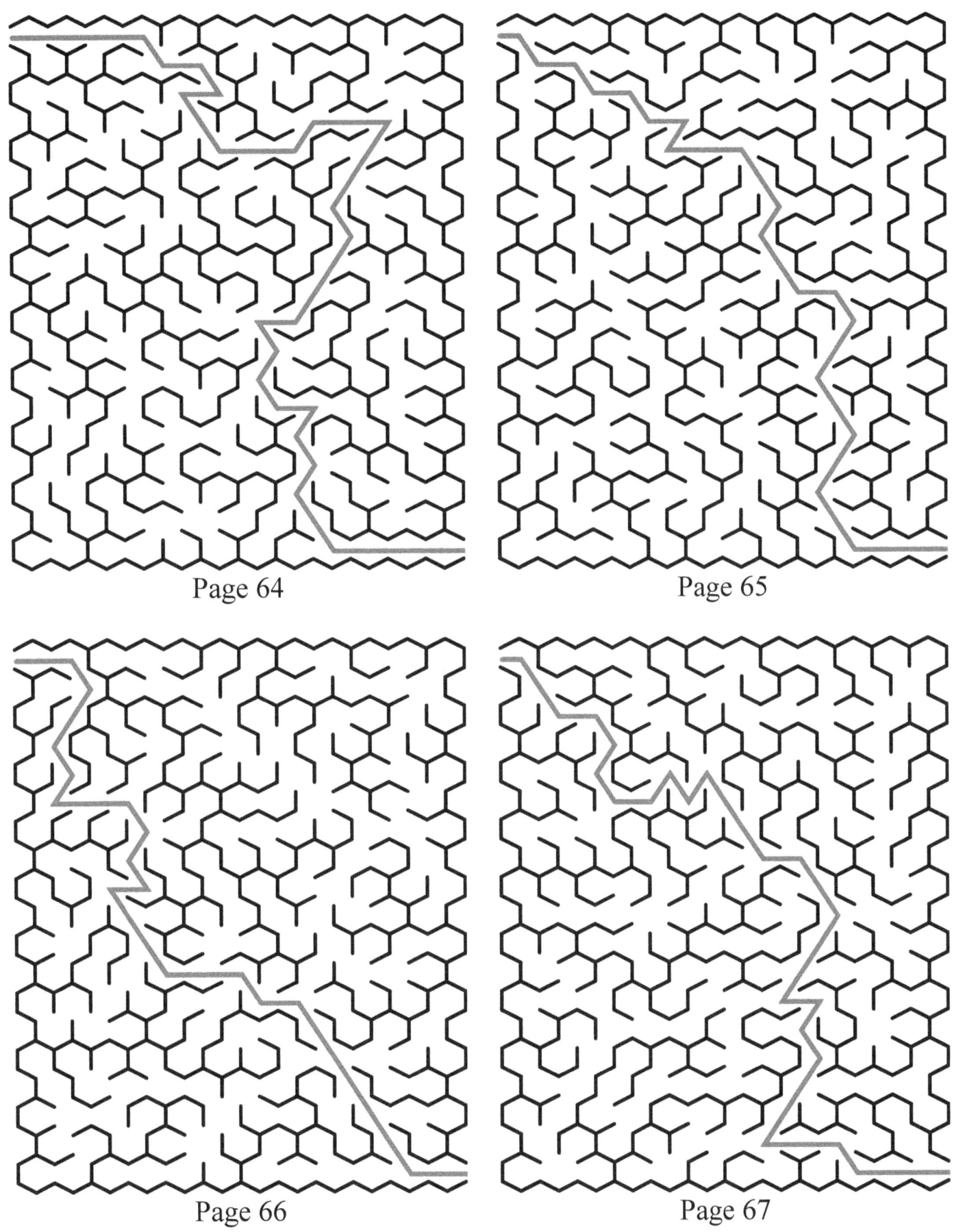

Page 64

Page 65

Page 66

Page 67

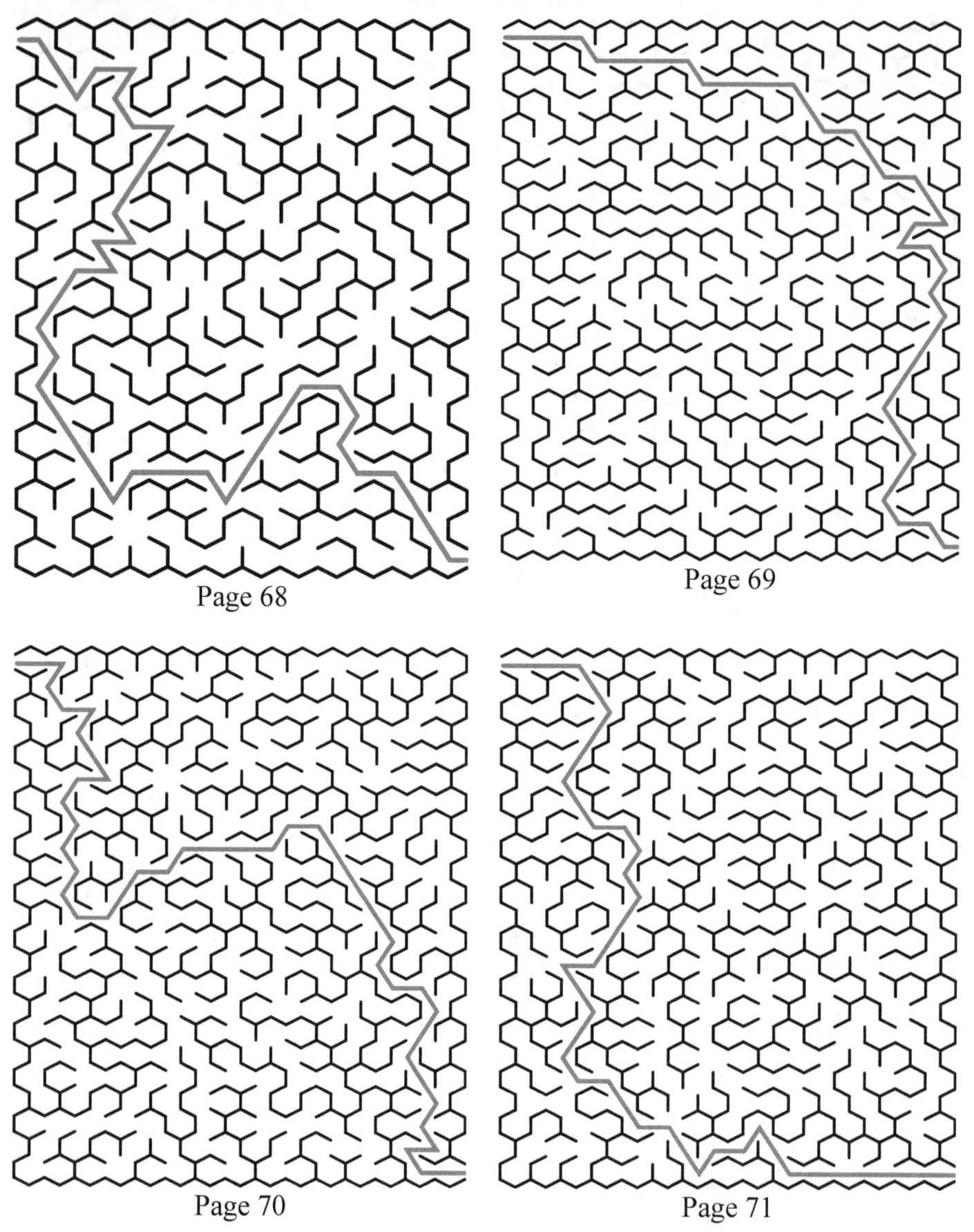

Page 68

Page 69

Page 70

Page 71

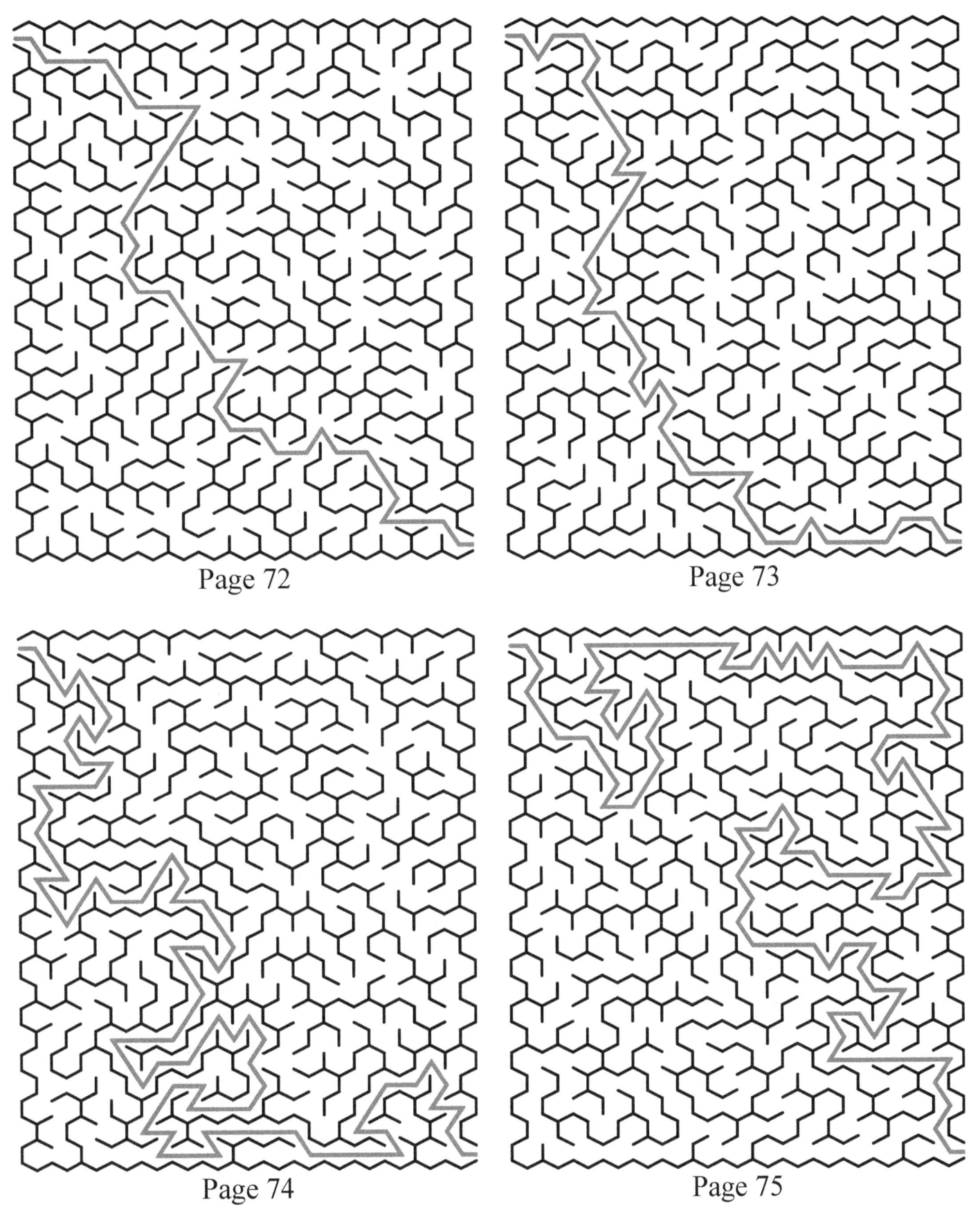

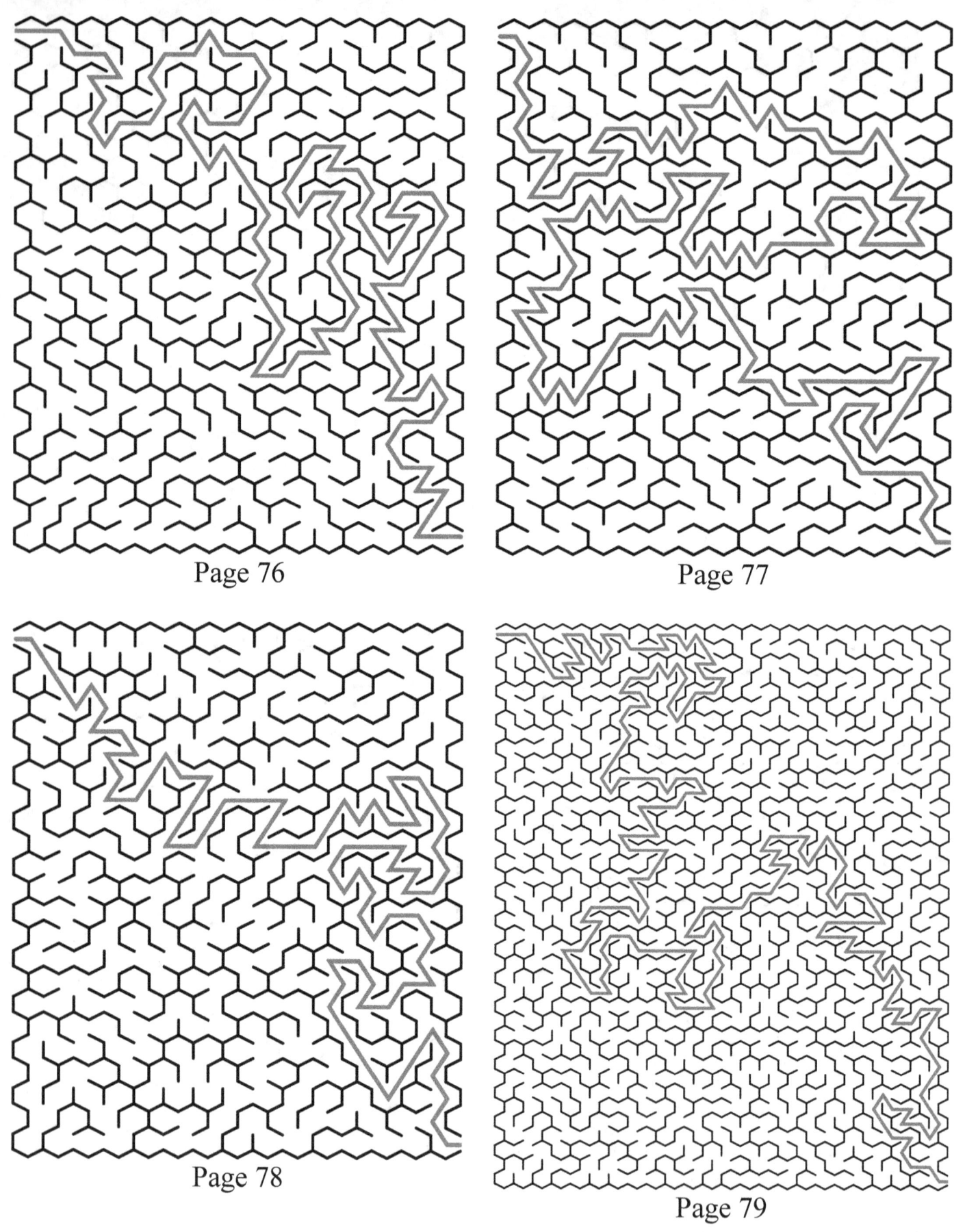

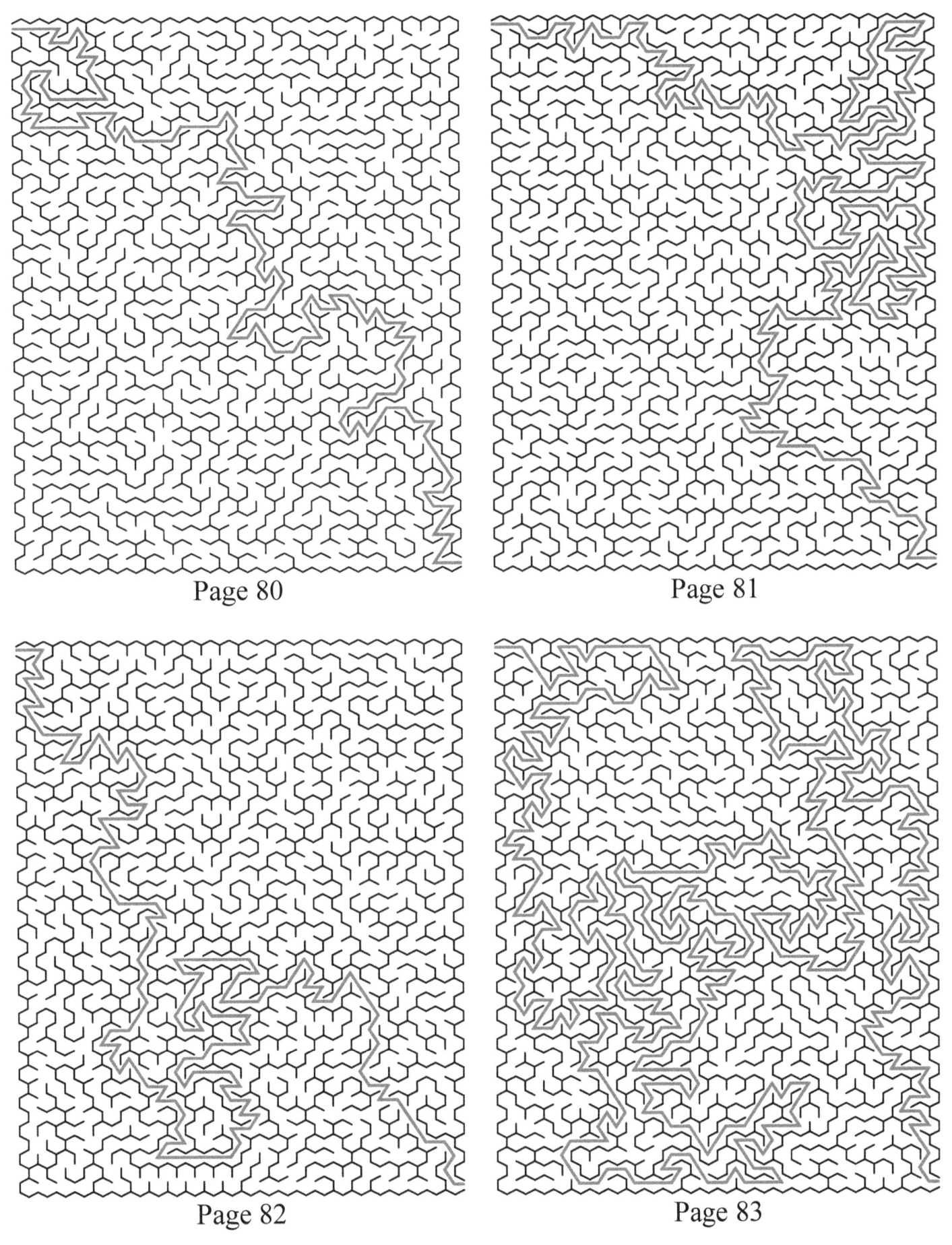

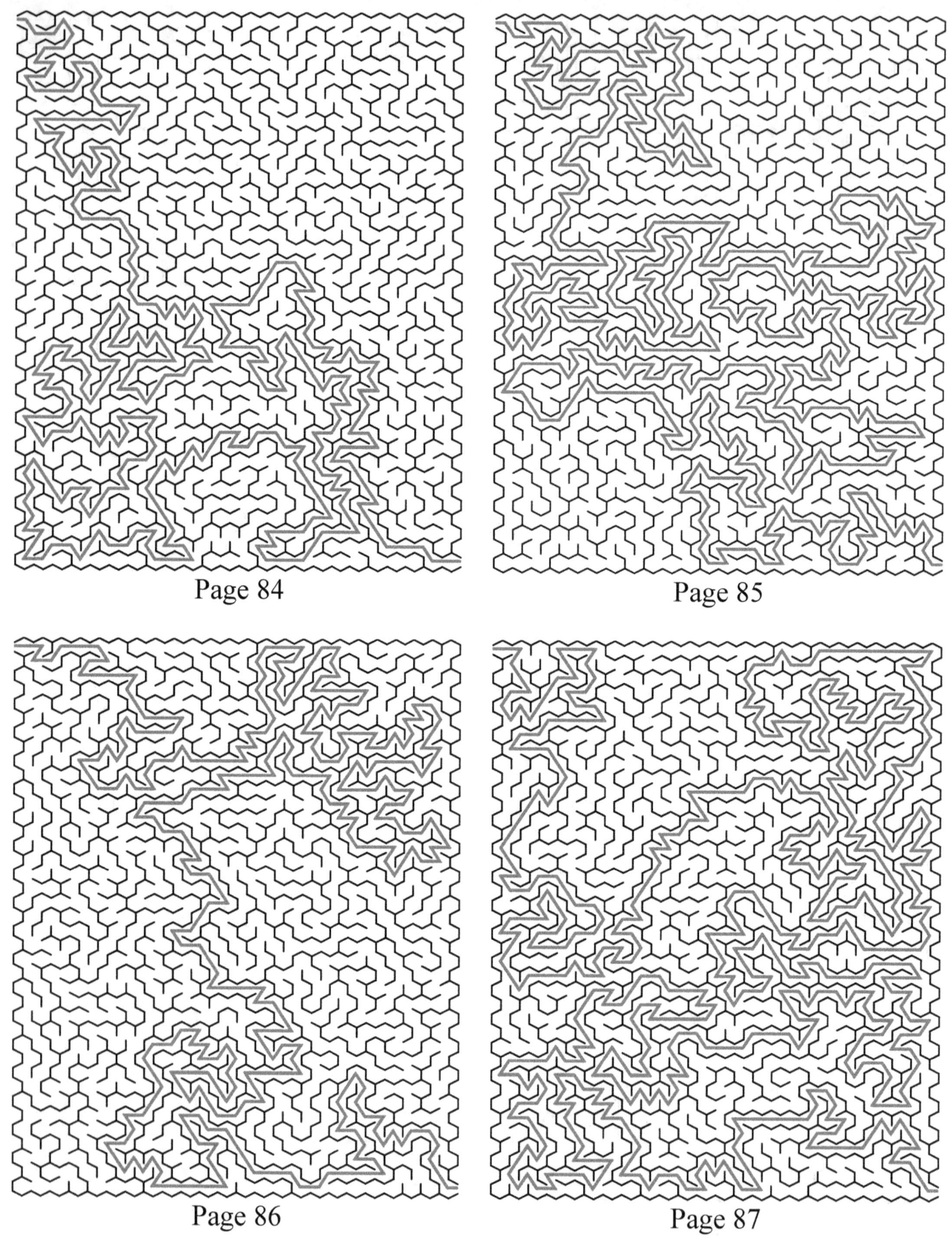

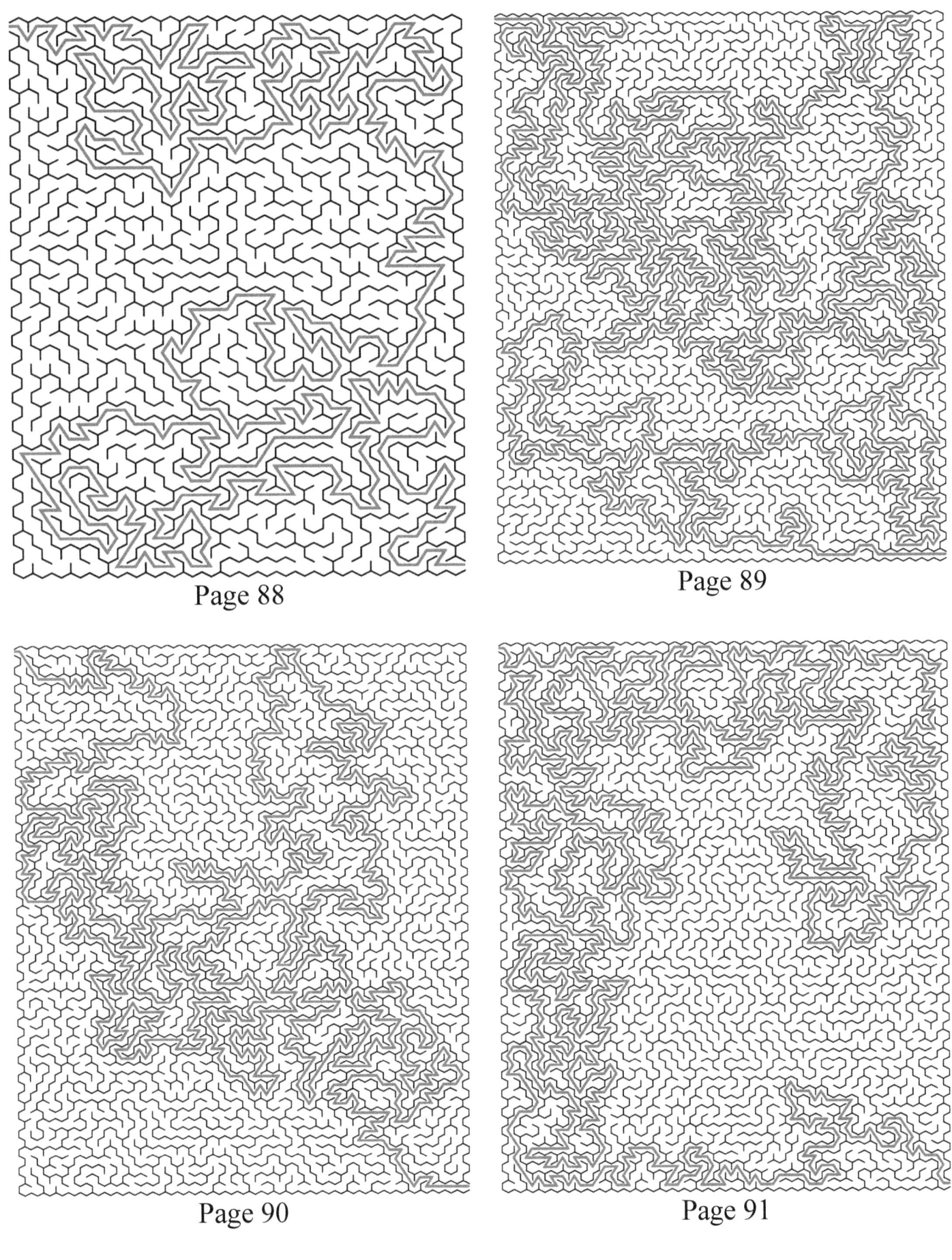

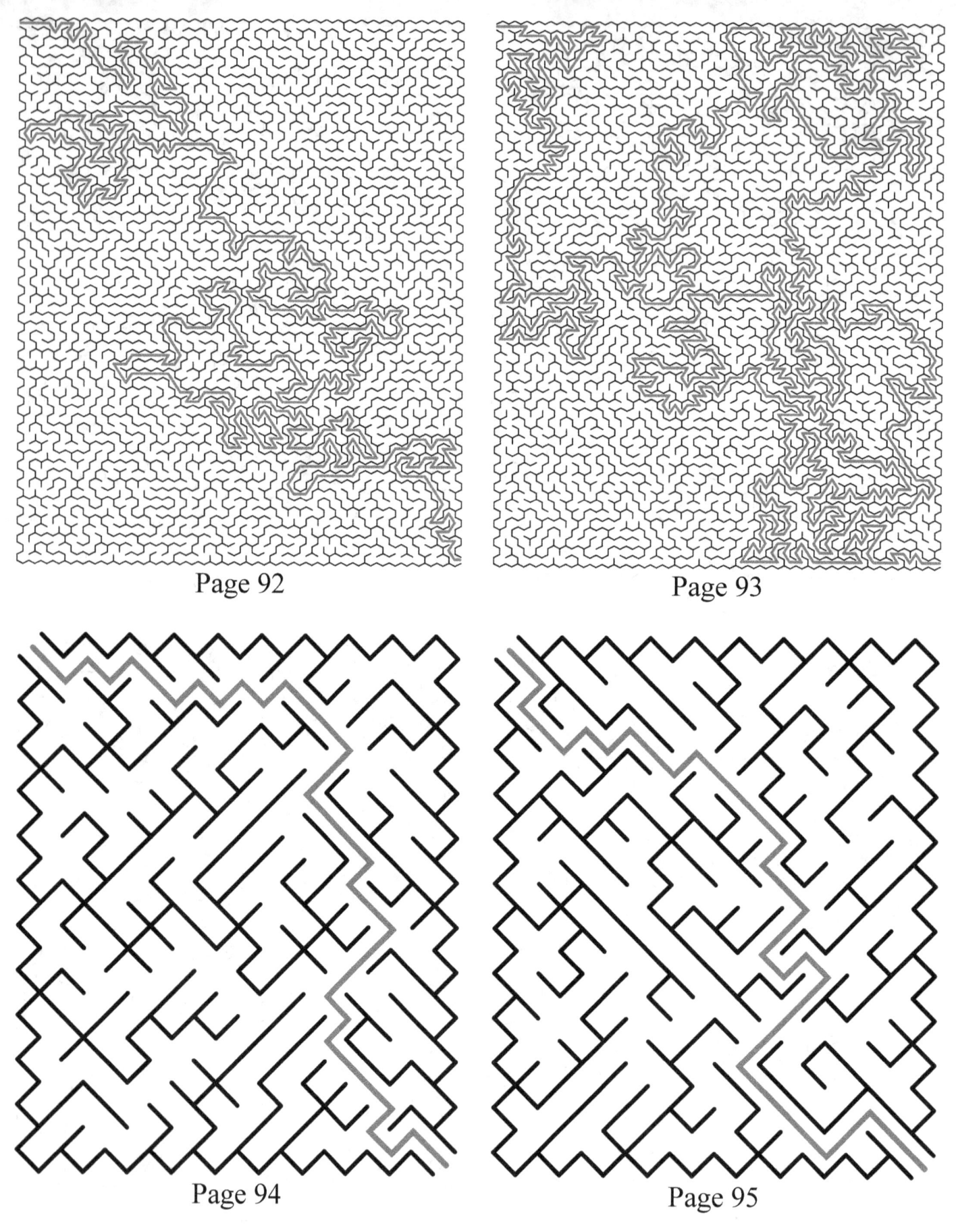

Page 92

Page 93

Page 94

Page 95

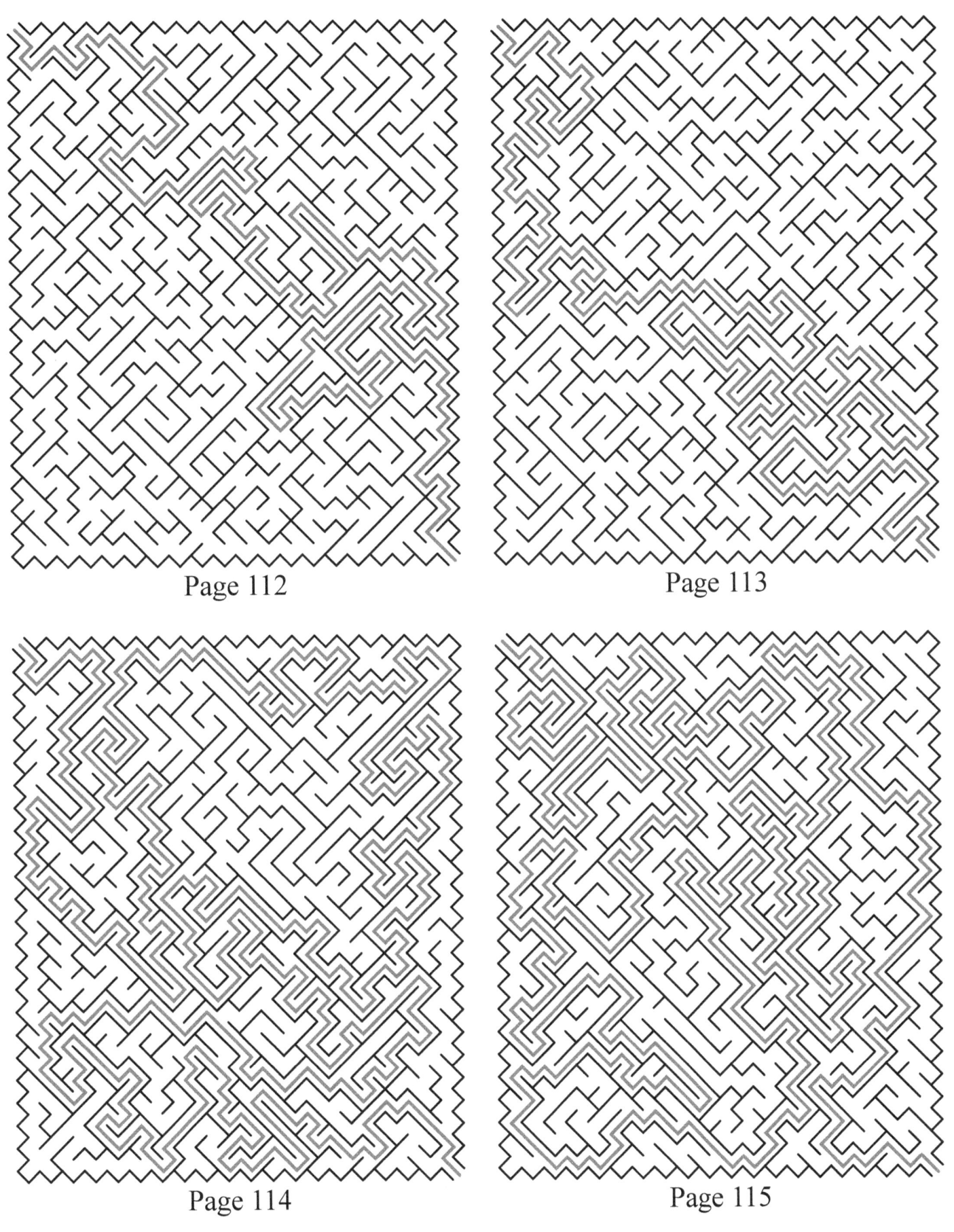

Page 112

Page 113

Page 114

Page 115

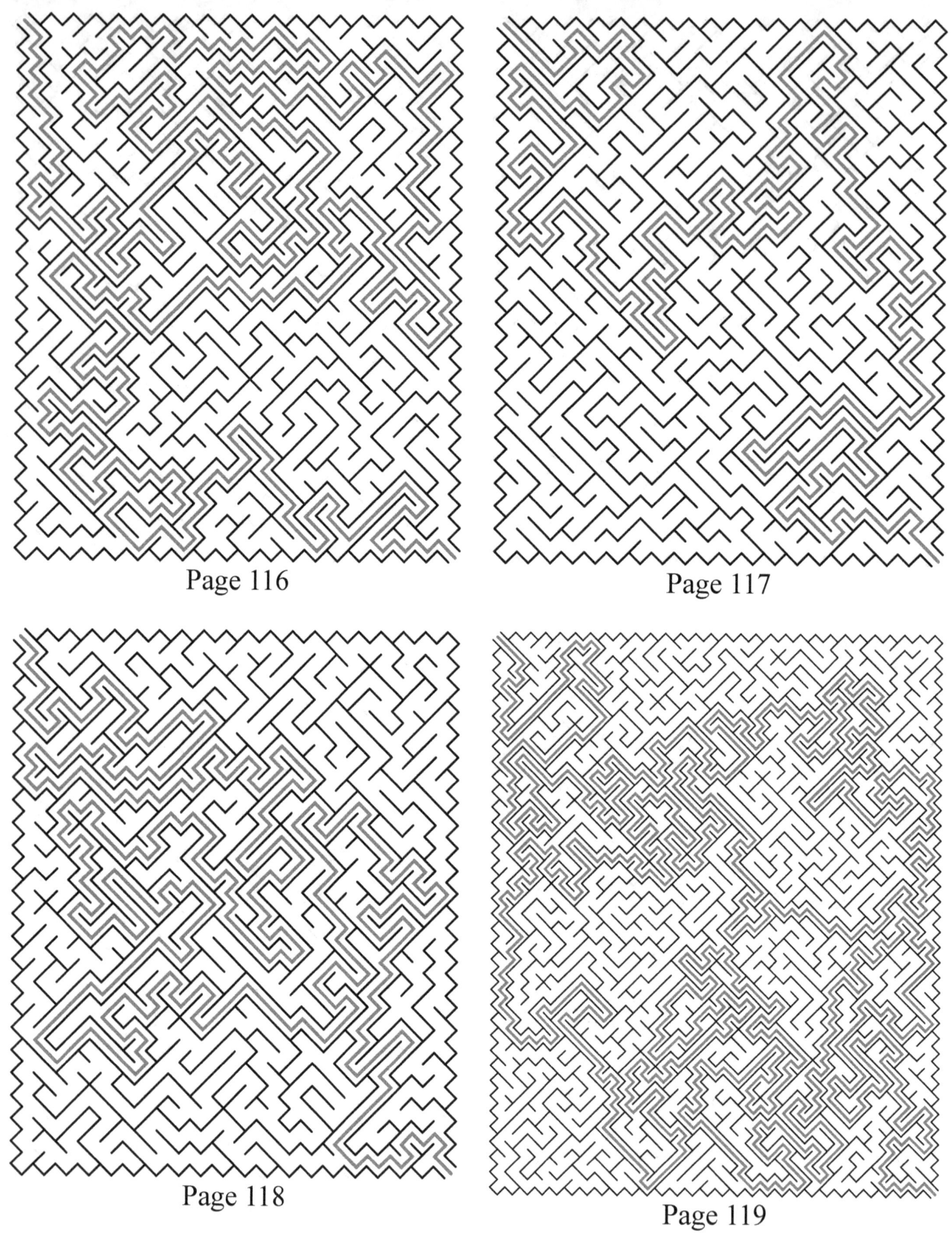

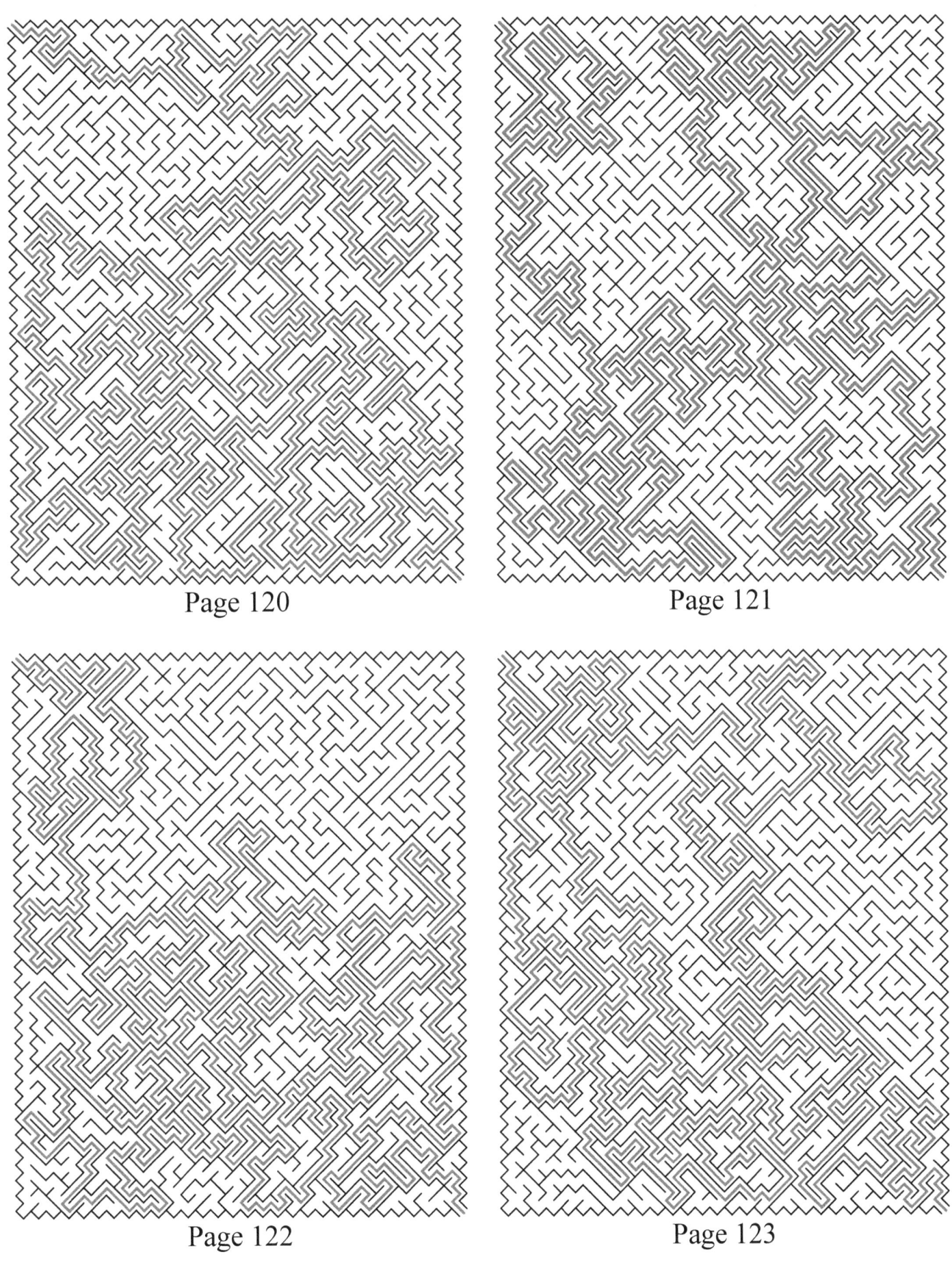

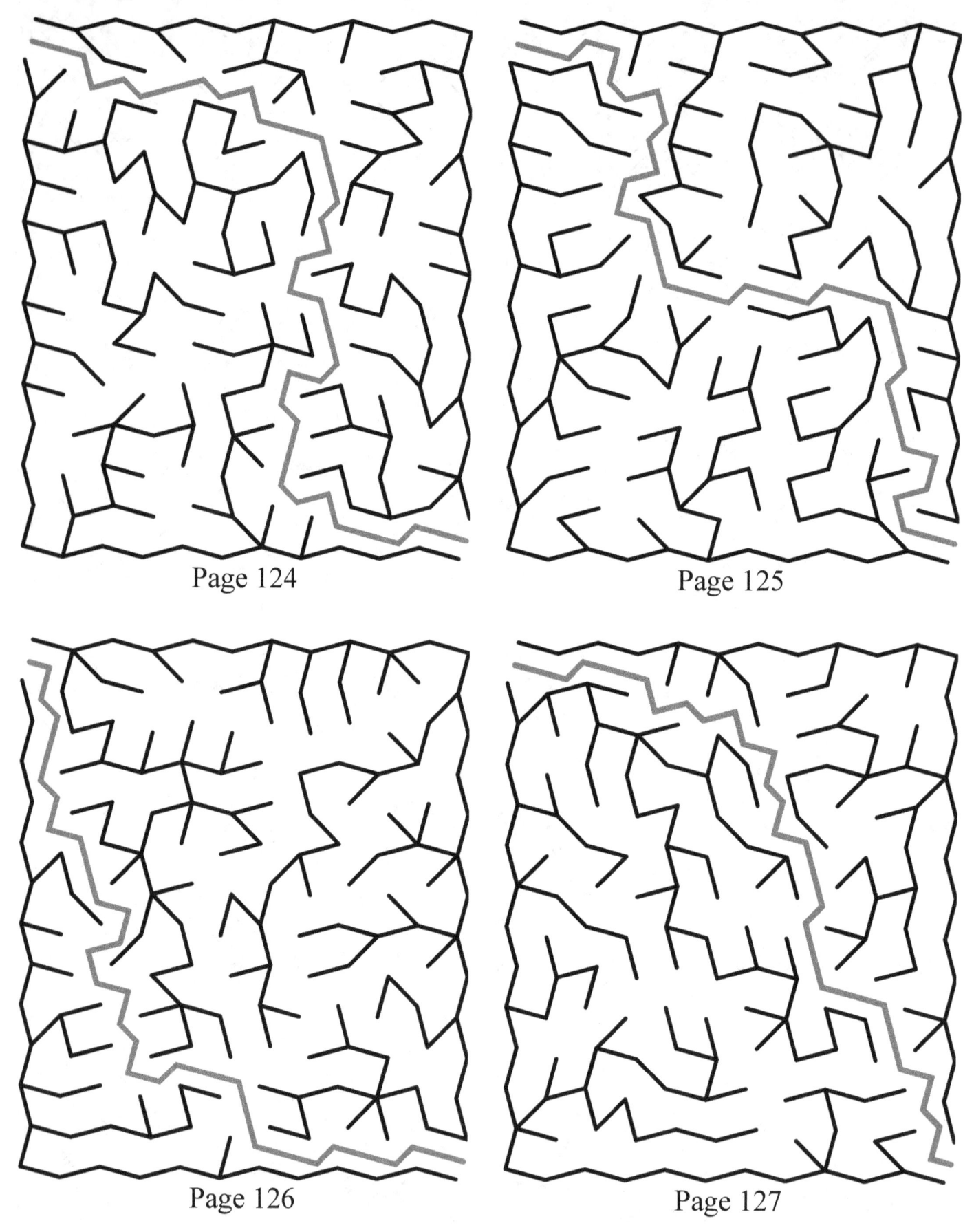

Page 128

Page 129

Page 130

Page 131

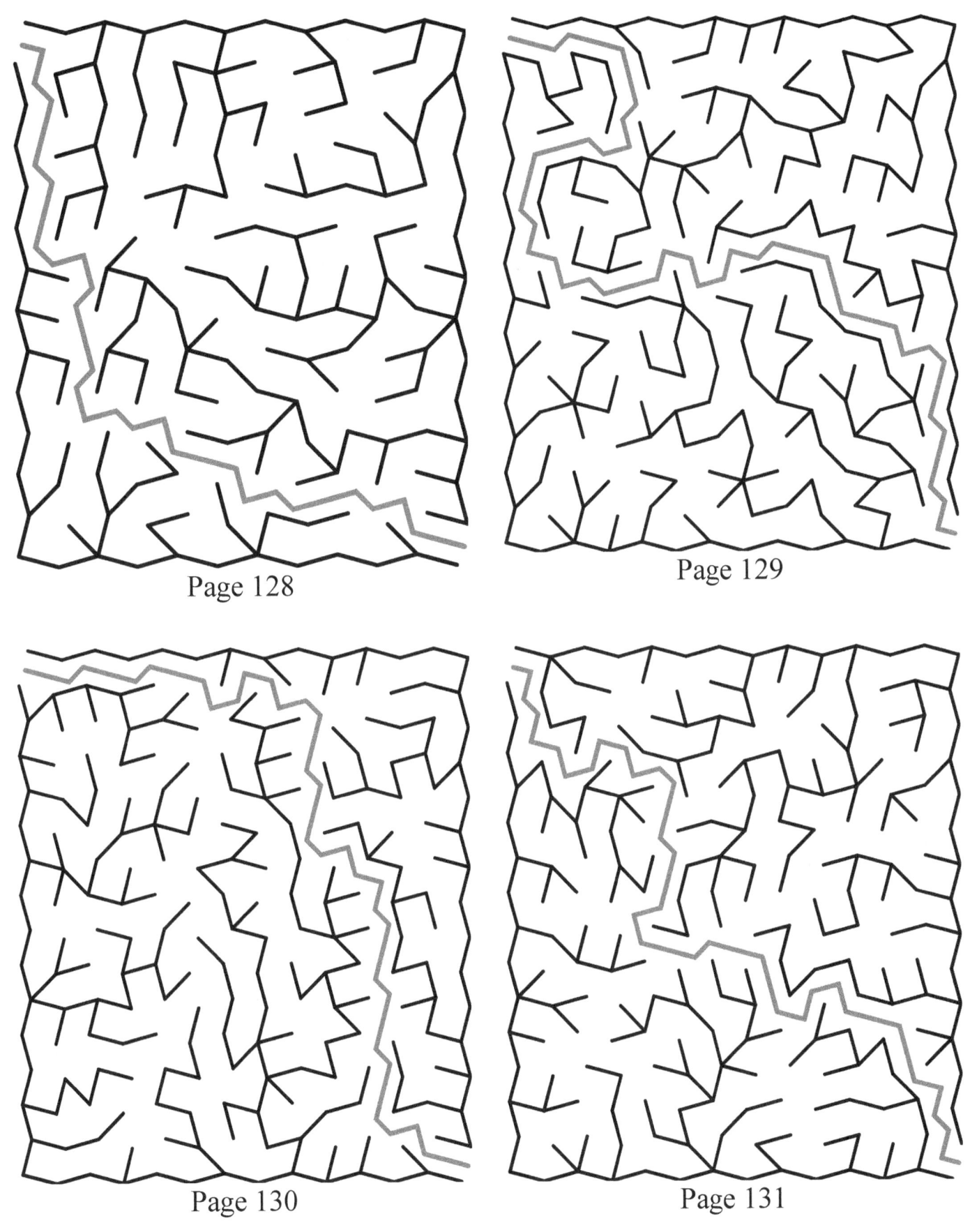

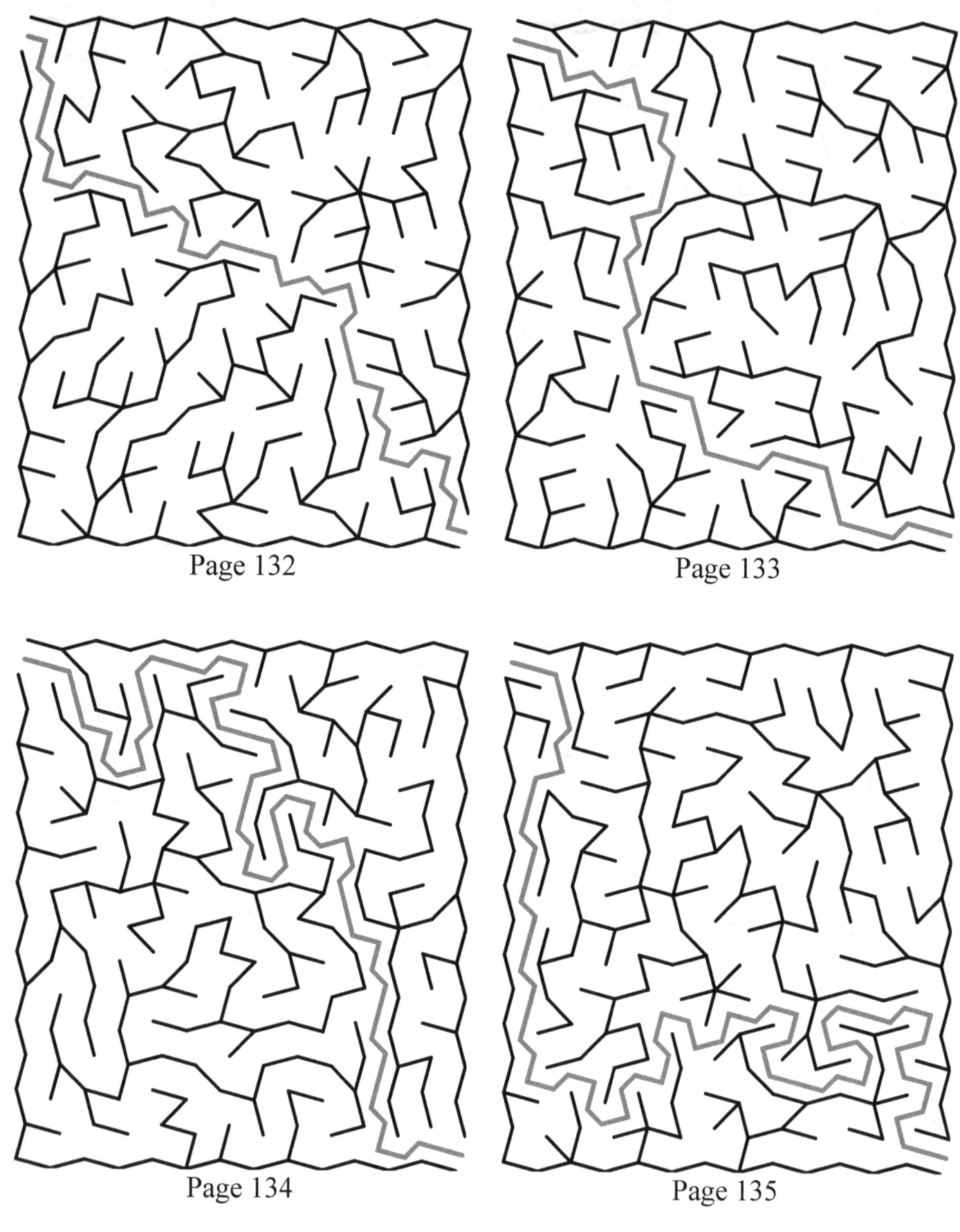

Page 132  Page 133  Page 134  Page 135

Page 136

Page 137

Page 138

Page 139

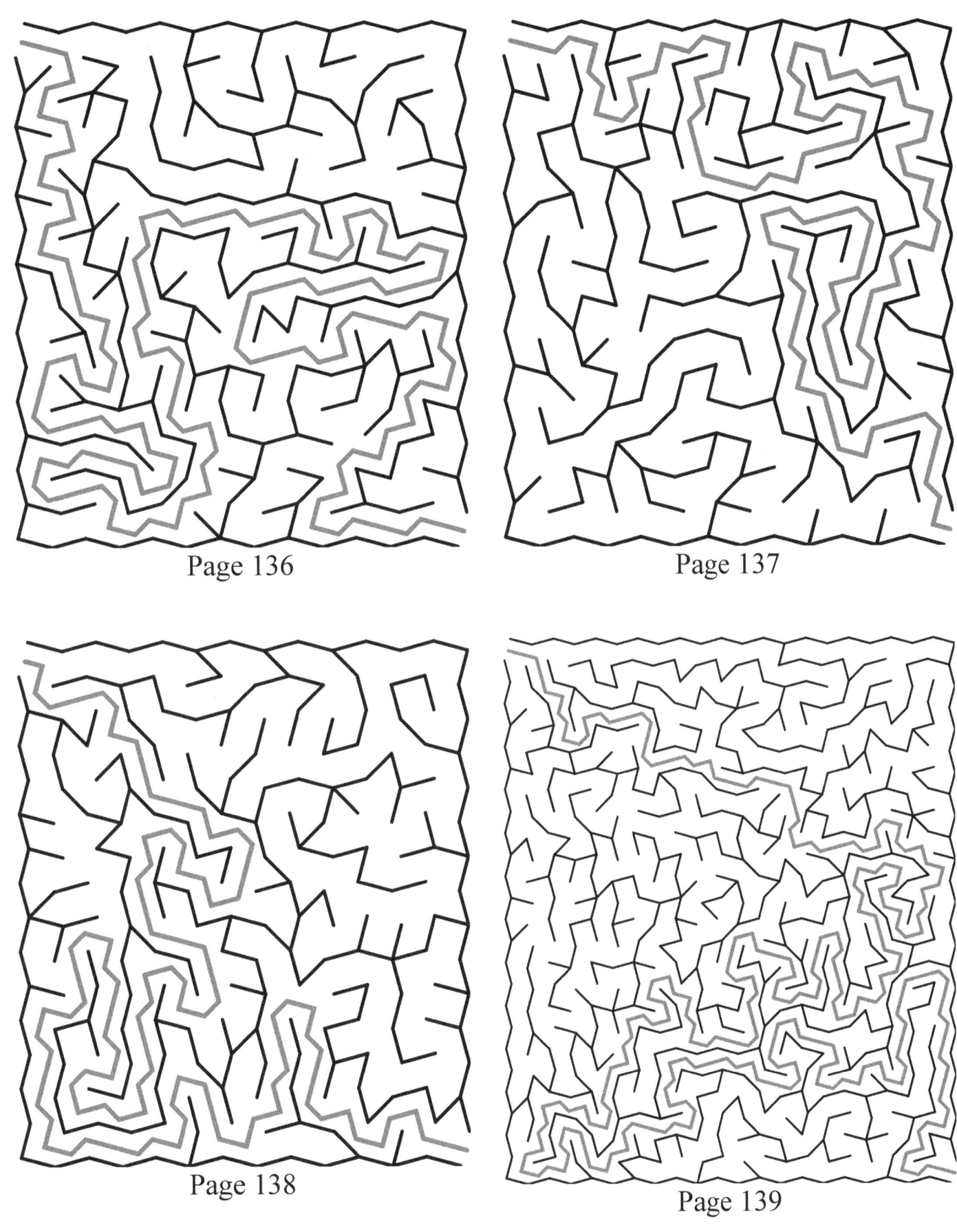

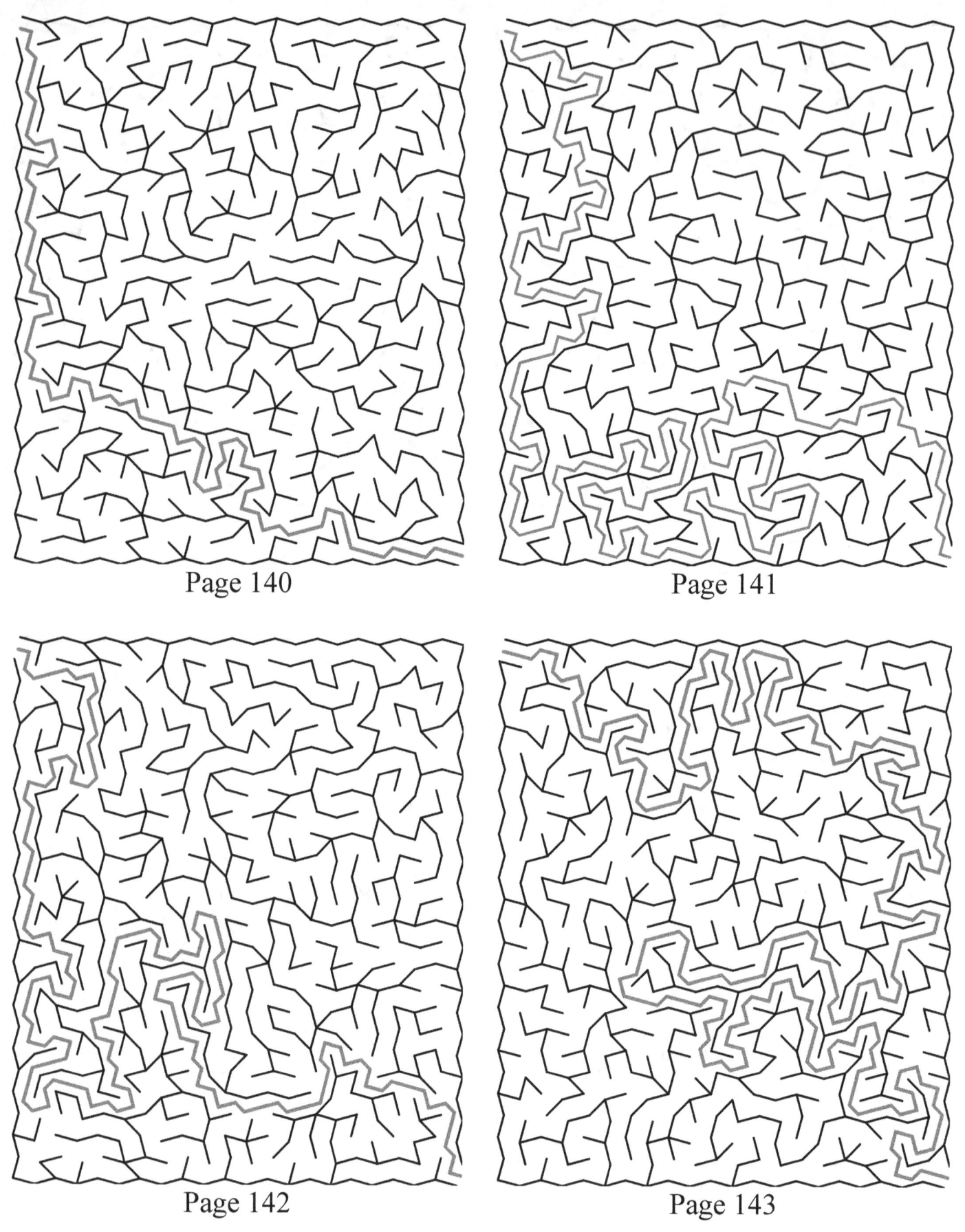

Page 140  Page 141

Page 142  Page 143

Page 144

Page 145

Page 146

Page 147

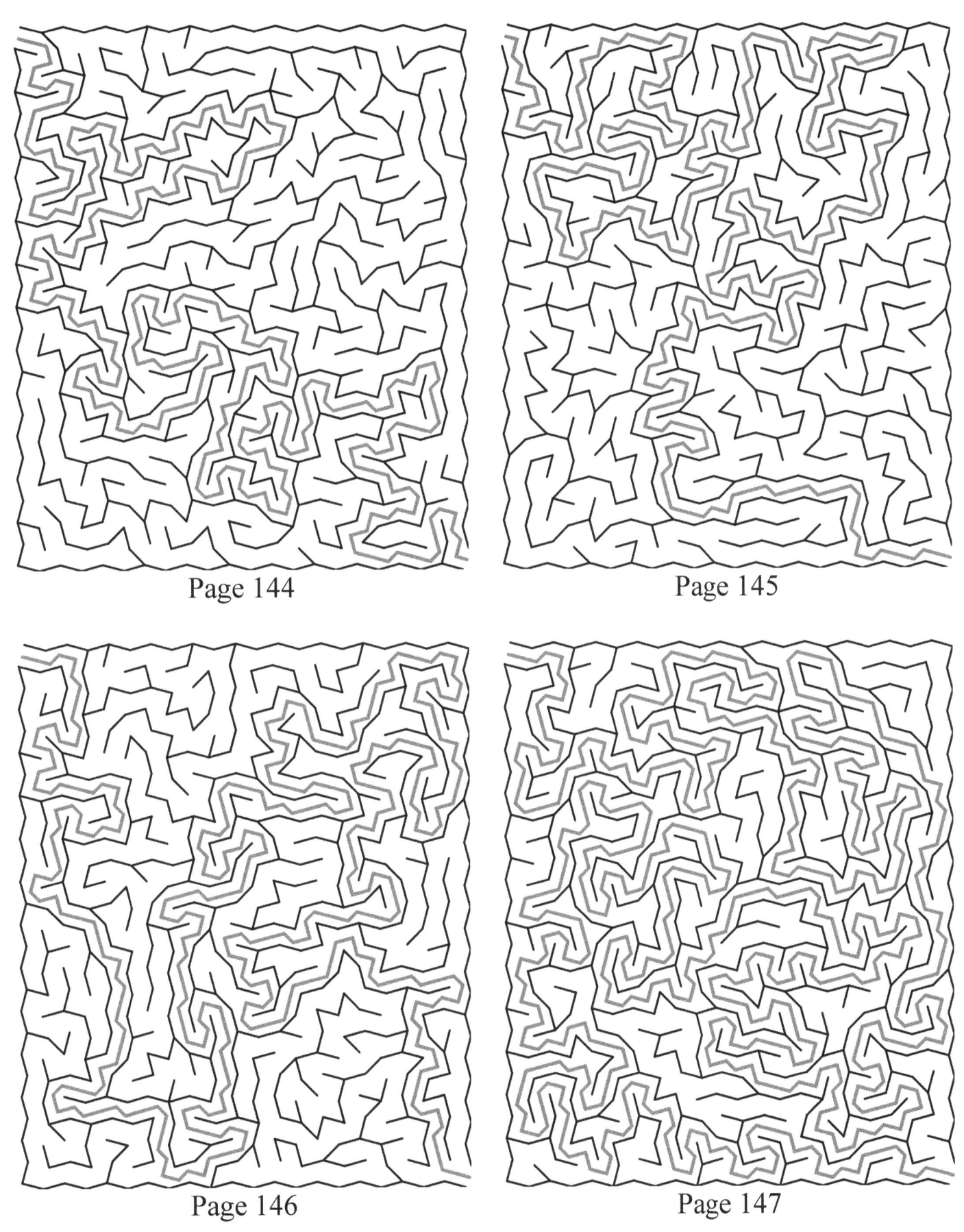

Page 148

Page 149

Page 150

Page 151

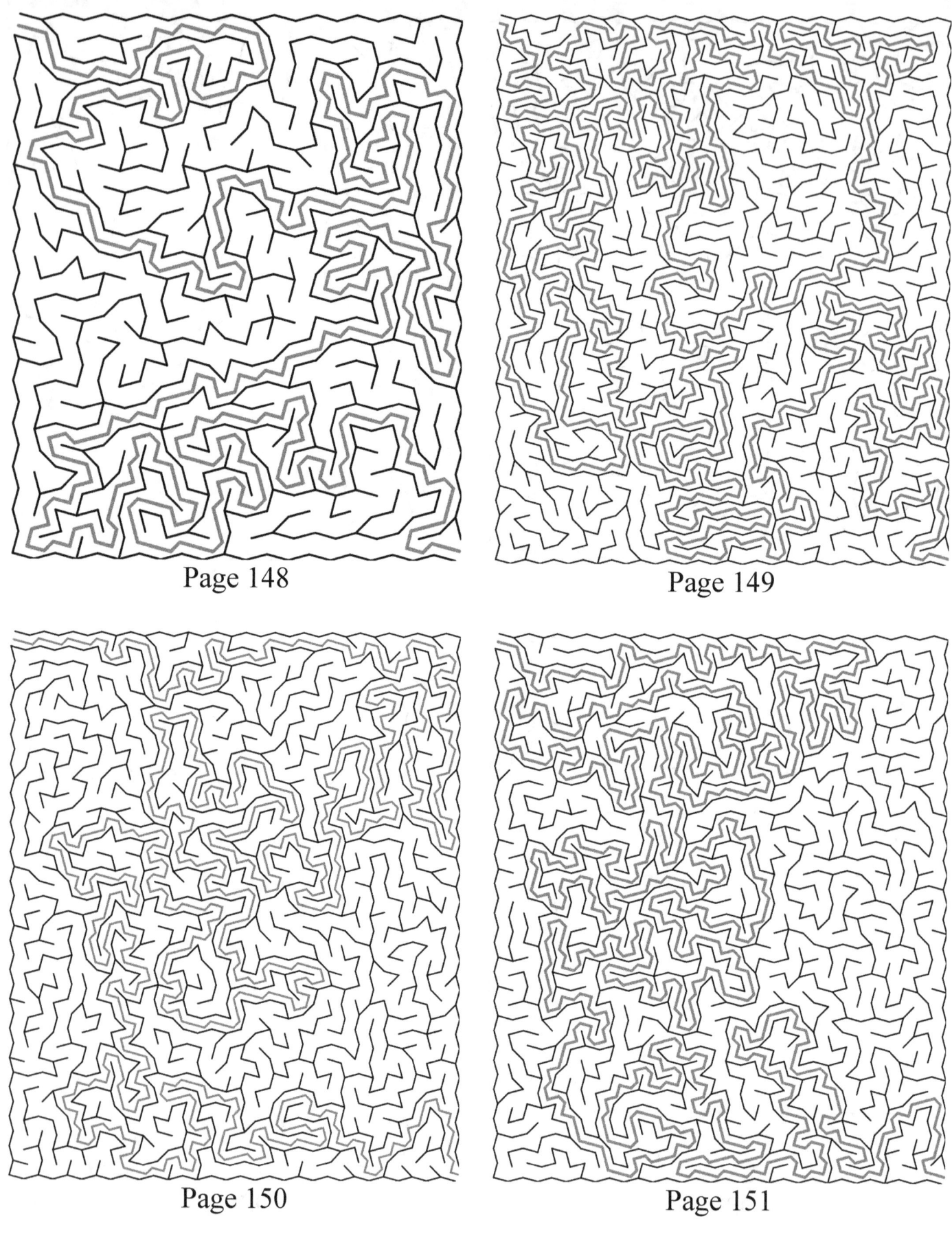

Page 152

Page 153

Page 154

Page 155

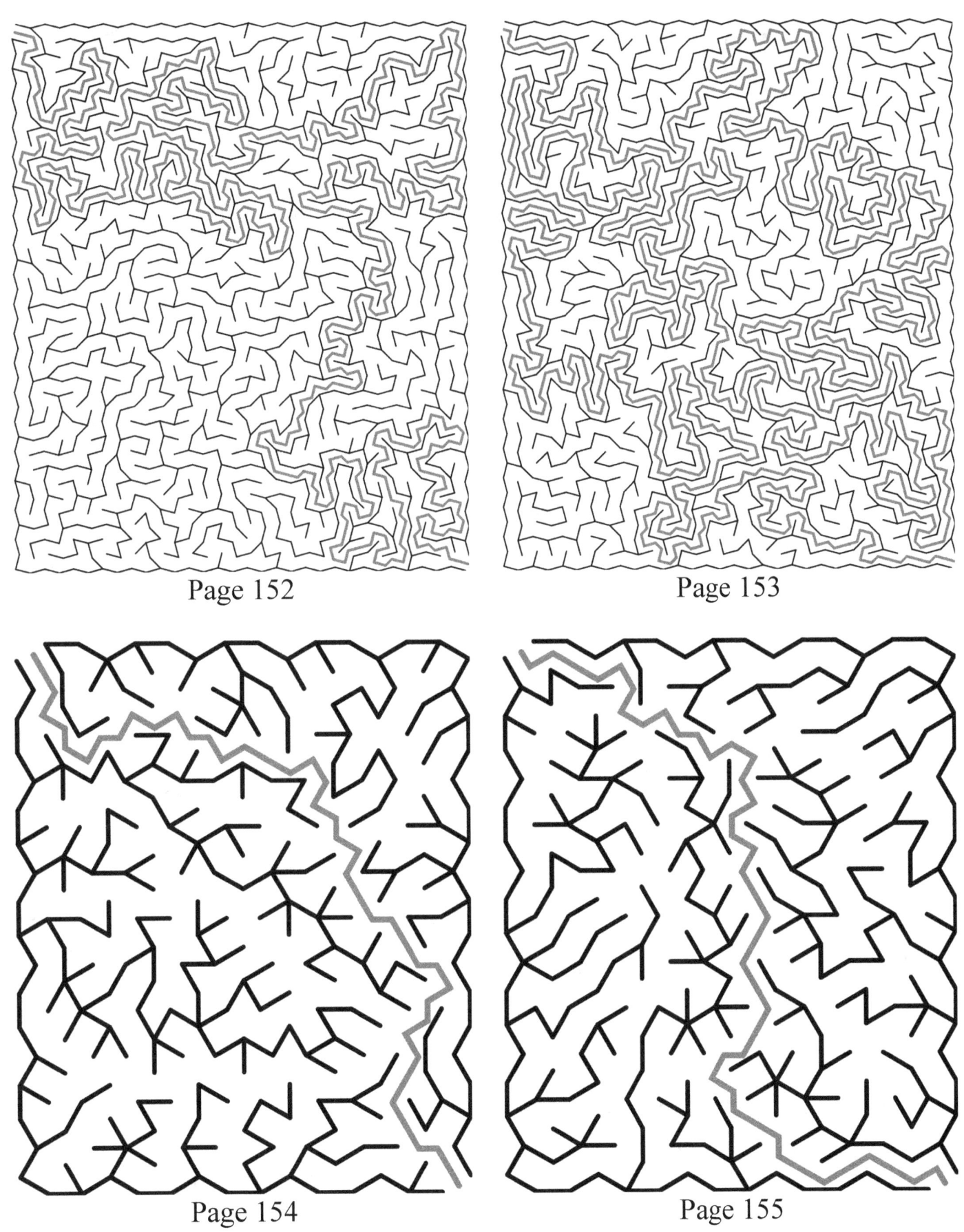

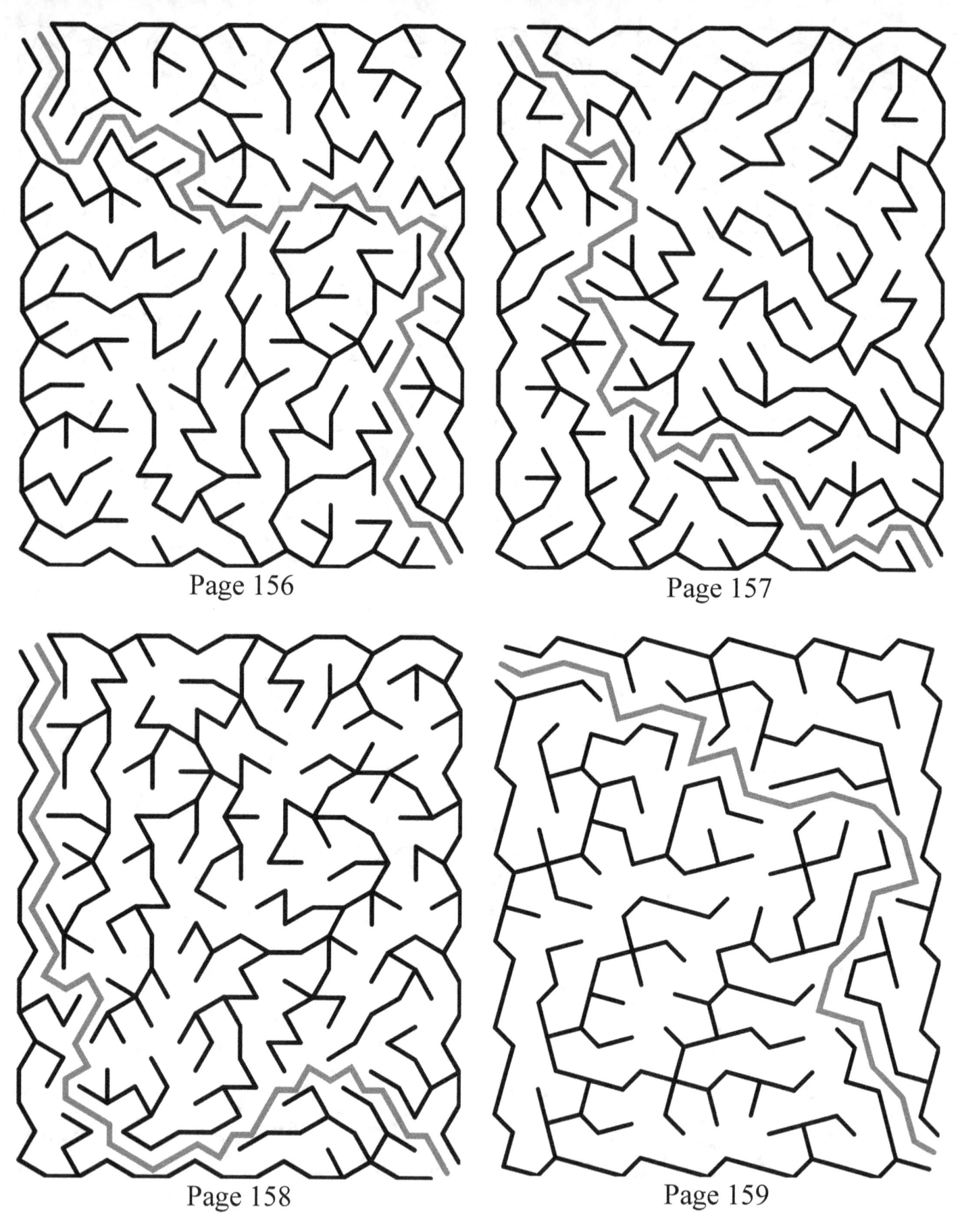

Page 156

Page 157

Page 158

Page 159

Page 160

Page 161

Page 162

Page 163

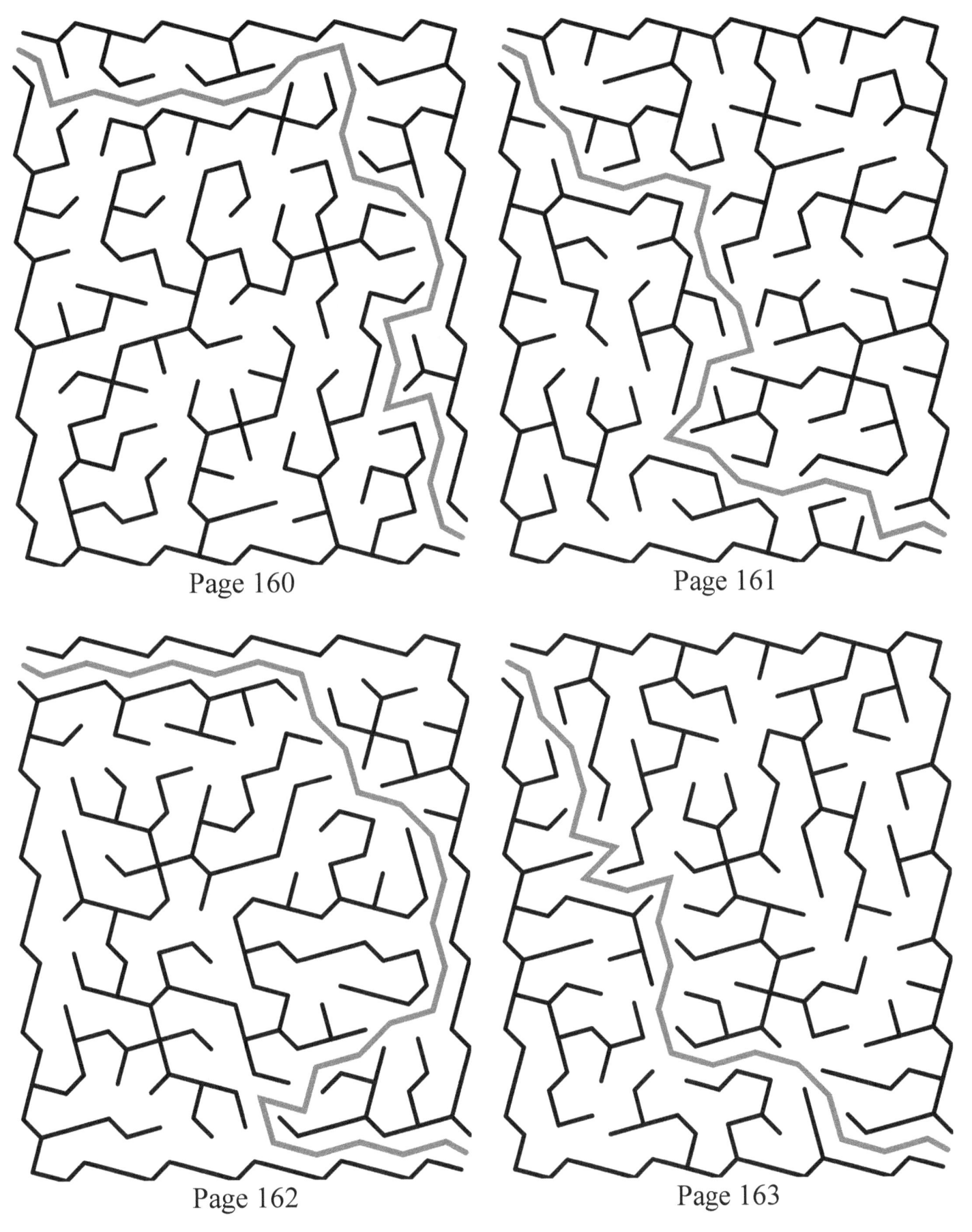

Page 164
Page 165
Page 166
Page 167

Page 168

Page 169

Page 170

Page 171

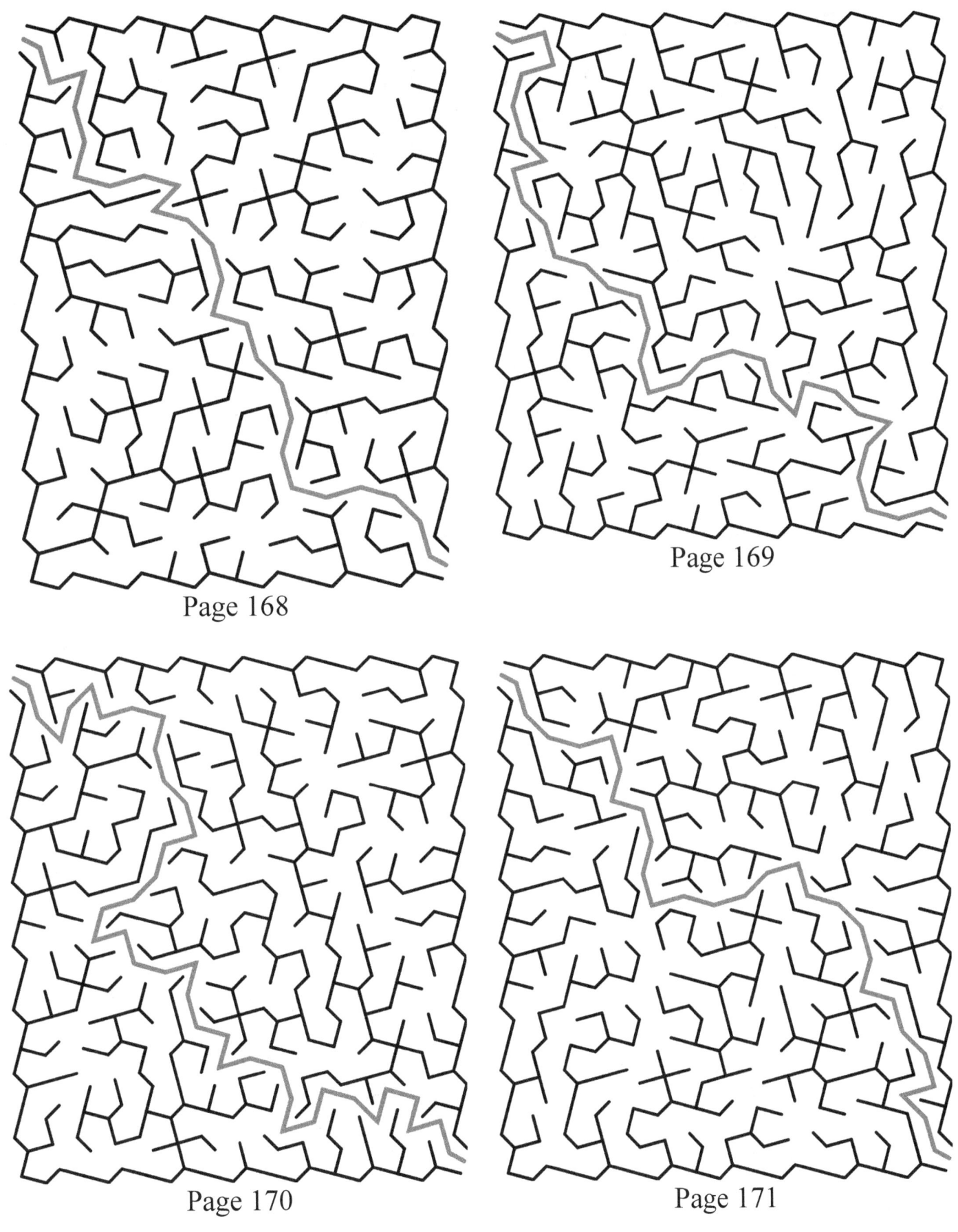

Page 172

Page 173

Page 174

Page 175

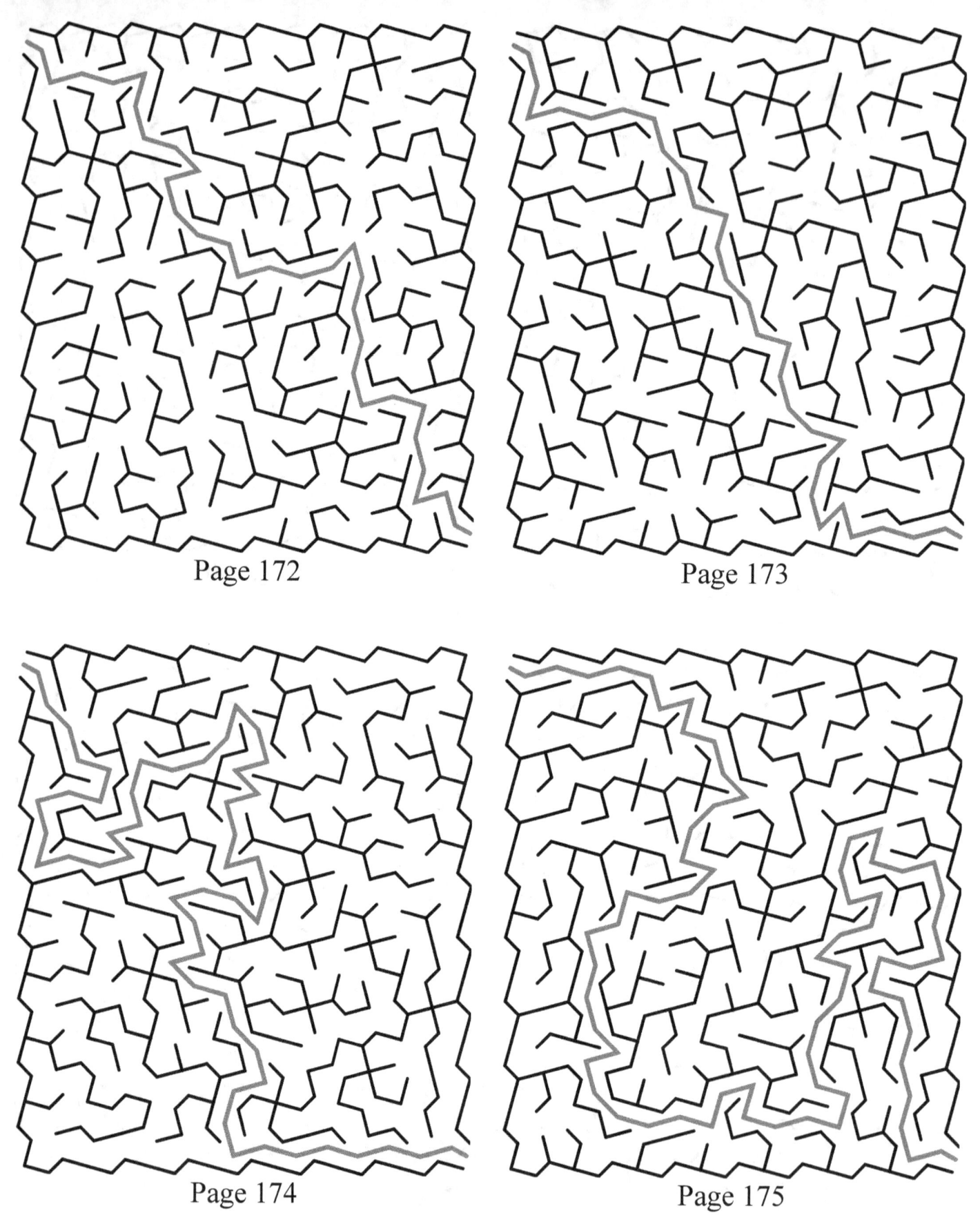

Page 176

Page 177

Page 178

Page 179

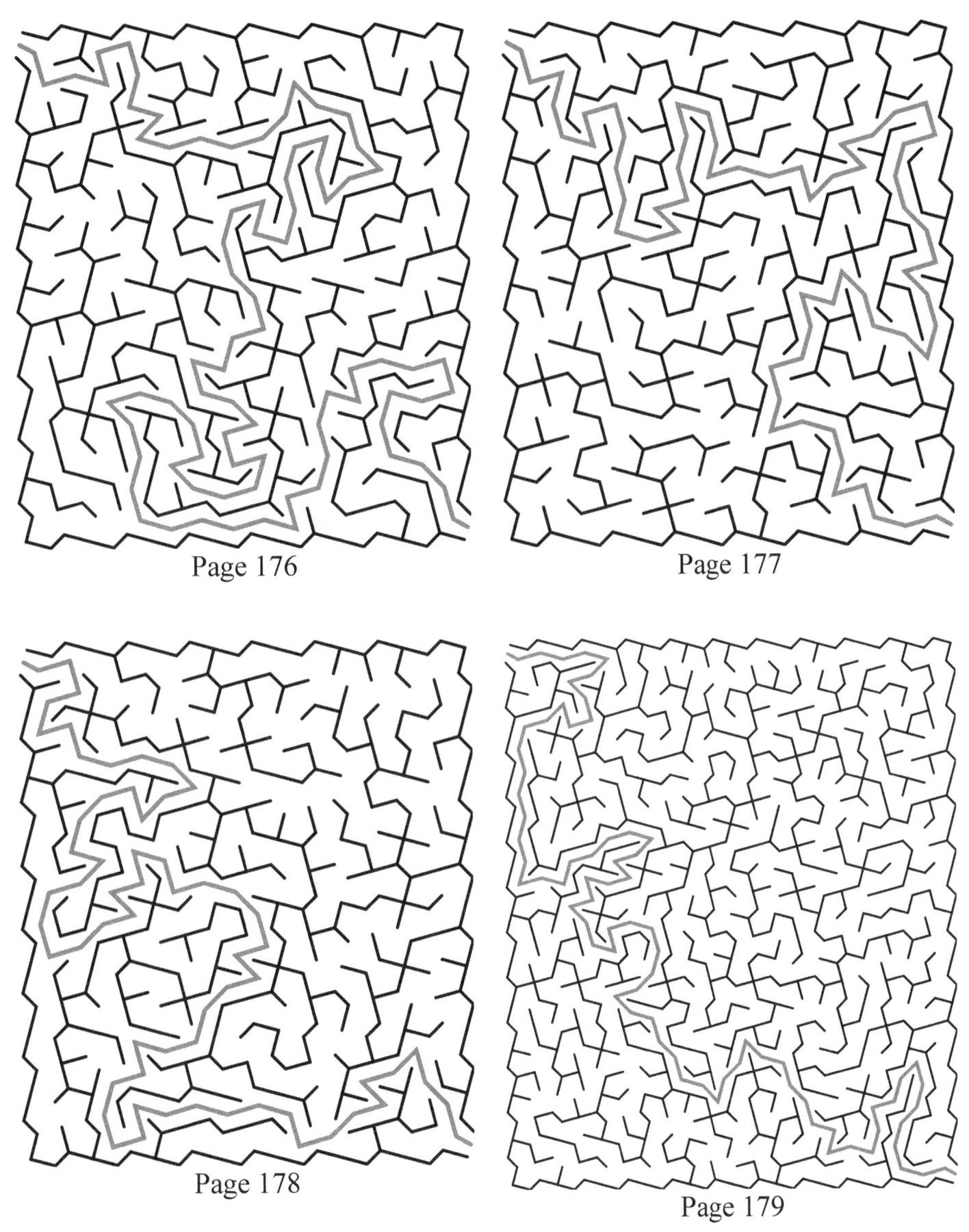

Page 180

Page 181

Page 182

Page 183

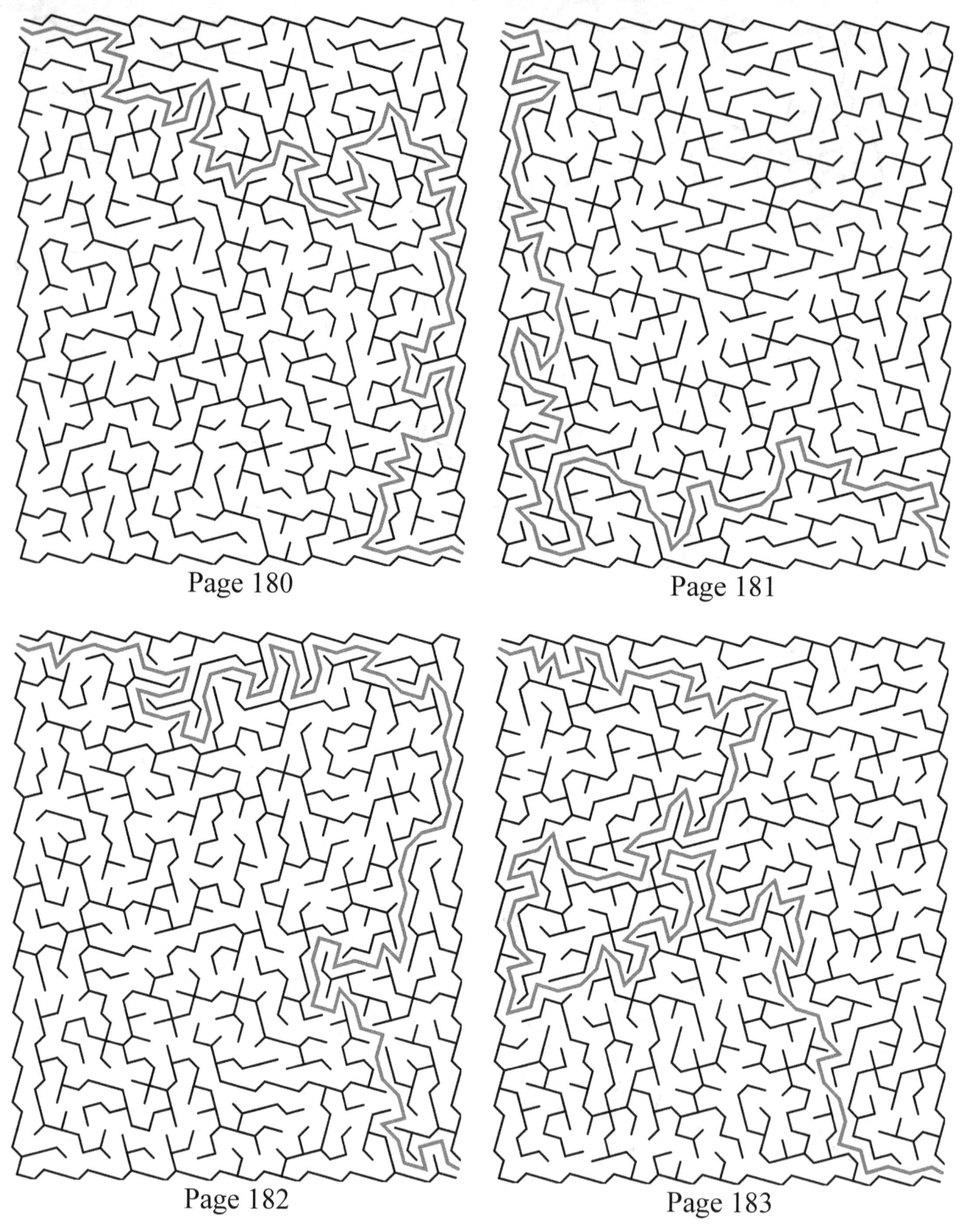

Page 184

Page 185

Page 186

Page 187

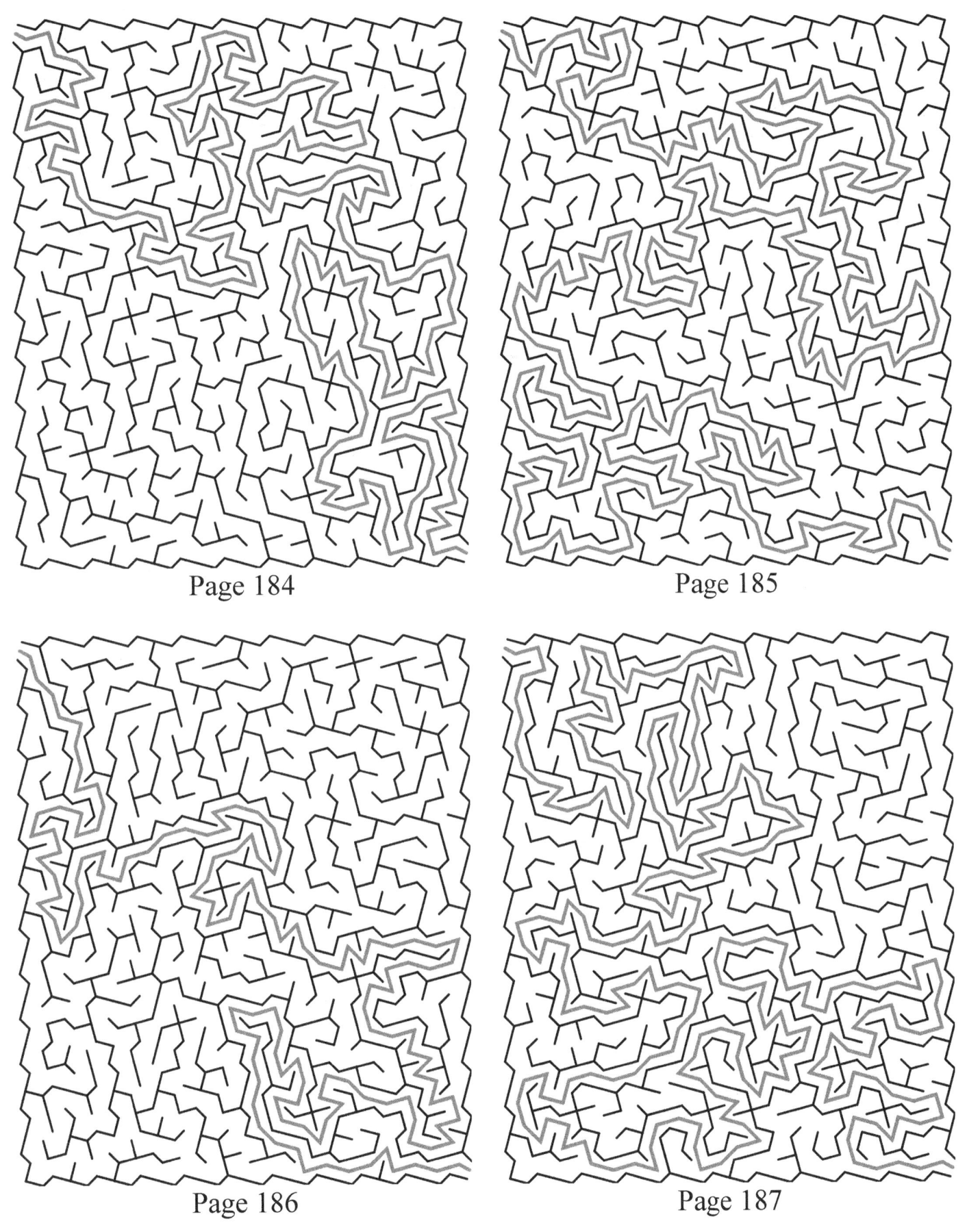

Page 188

Page 189

Page 190

Page 191

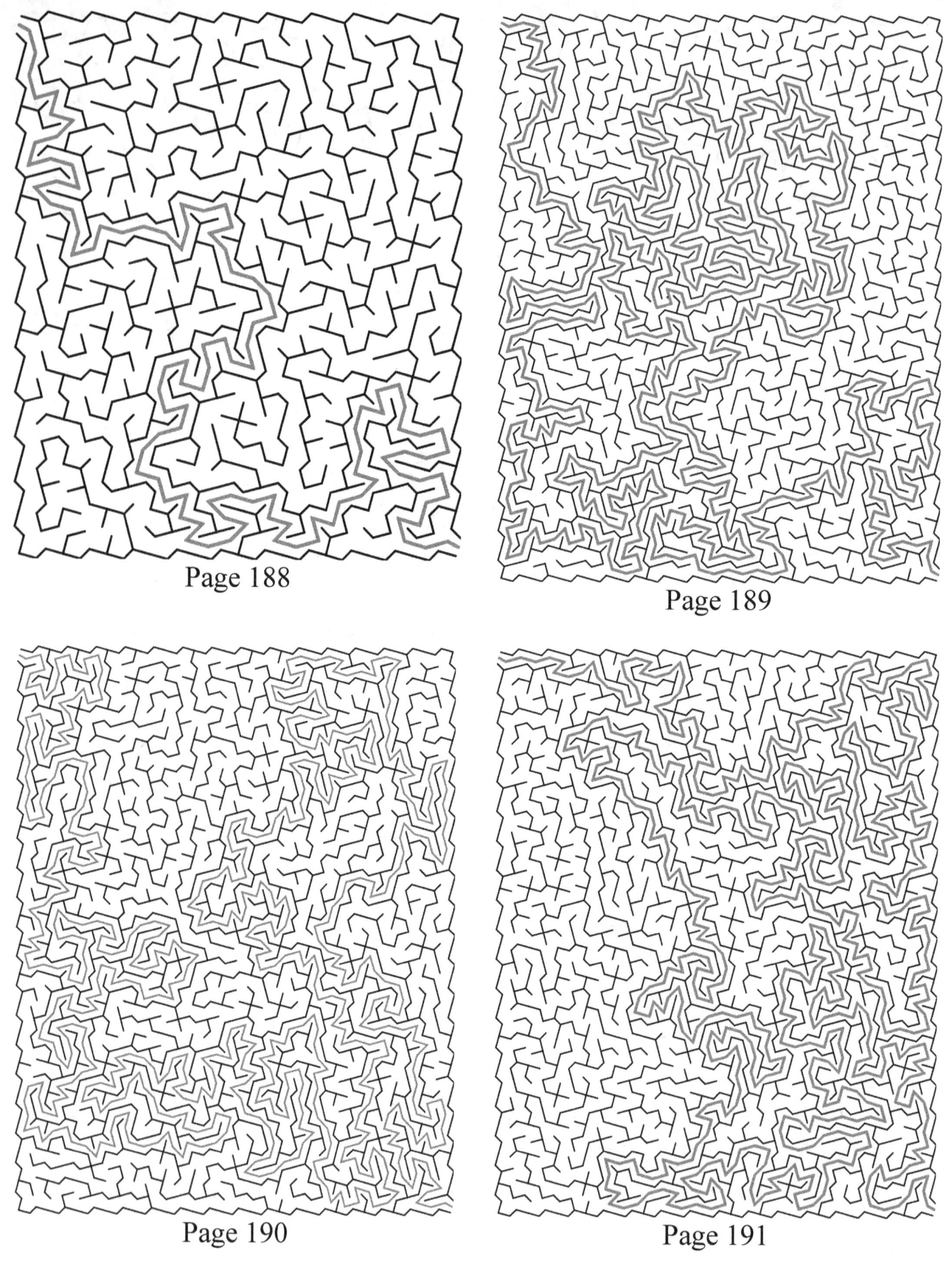

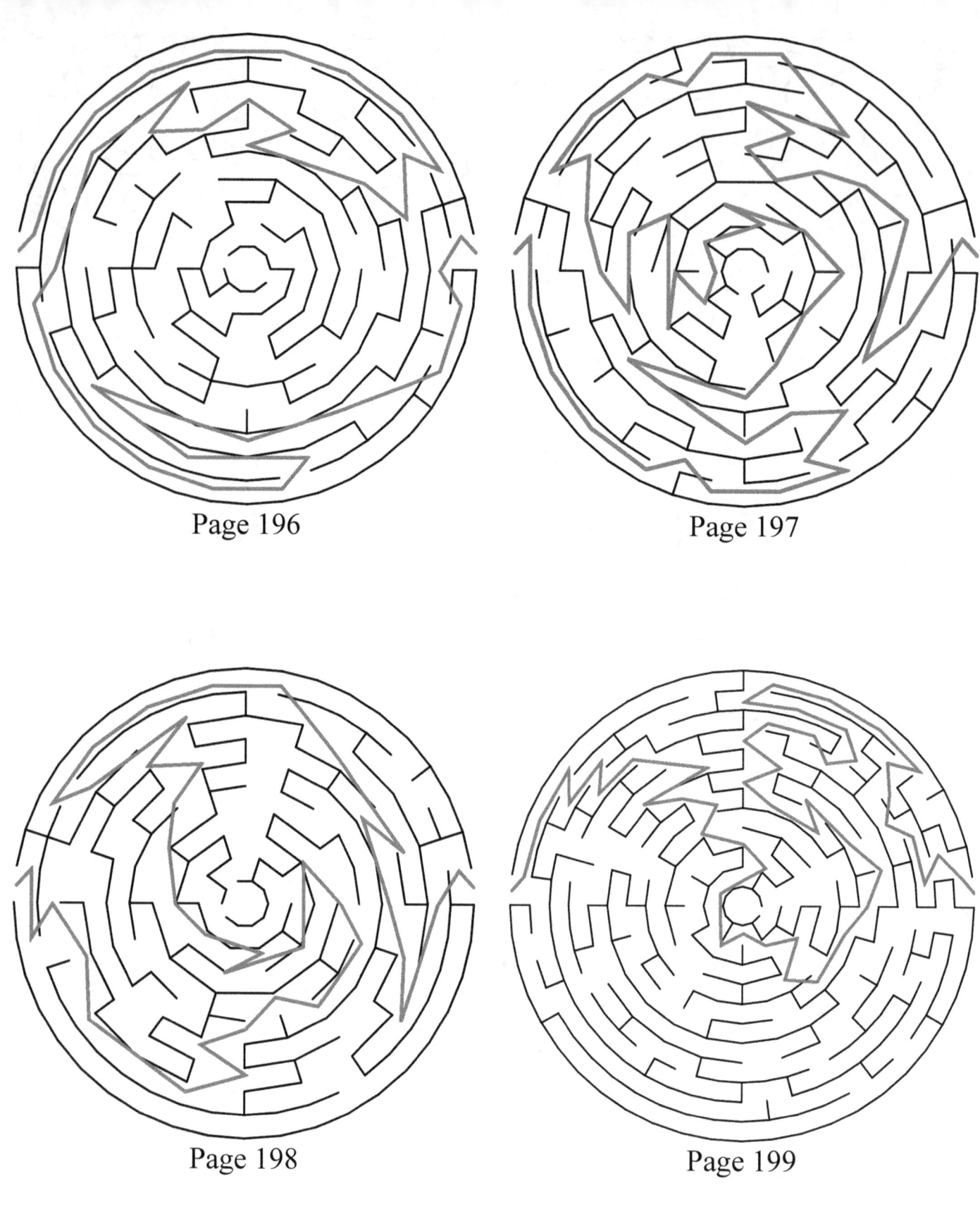

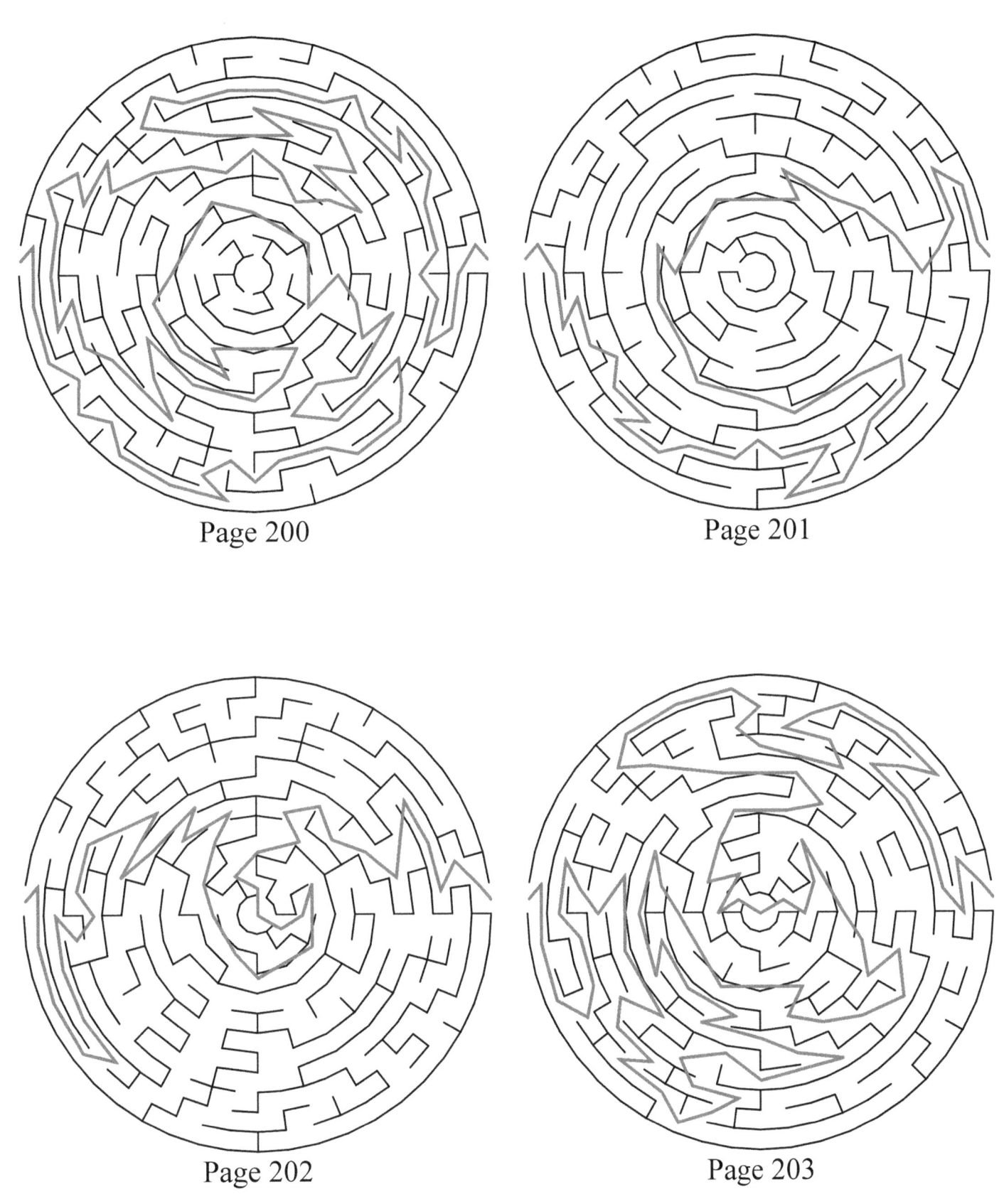

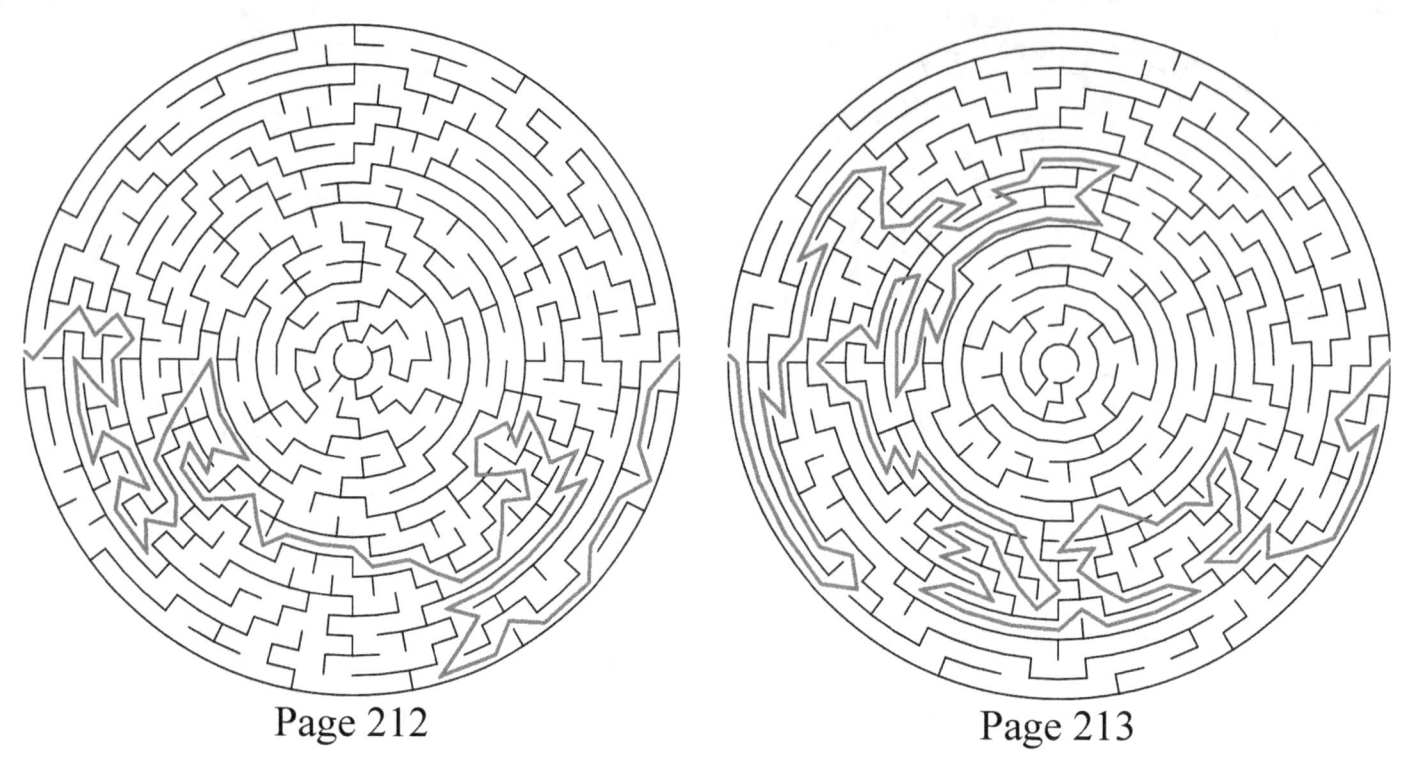

Page 212

Page 213

Page 214

Page 215

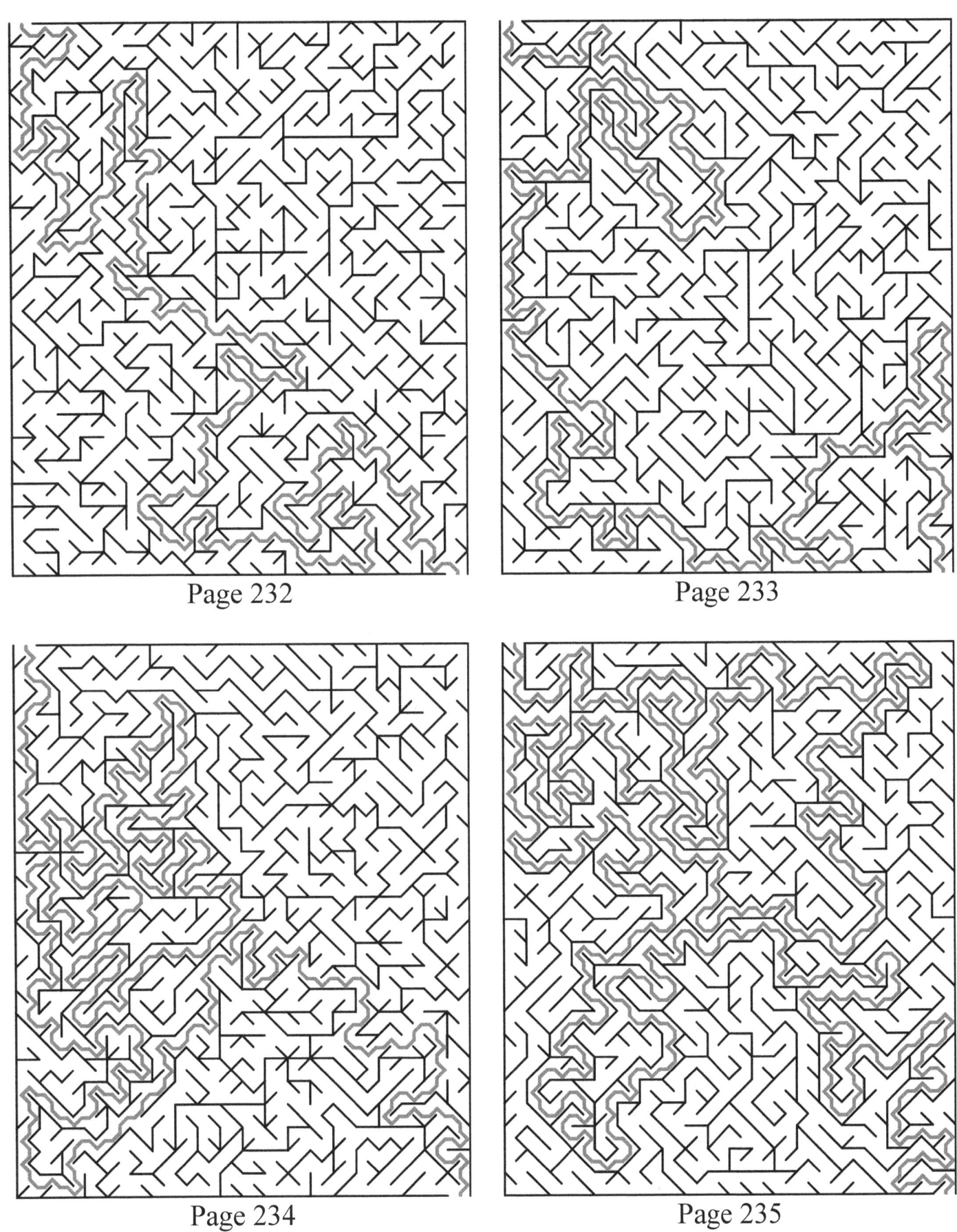

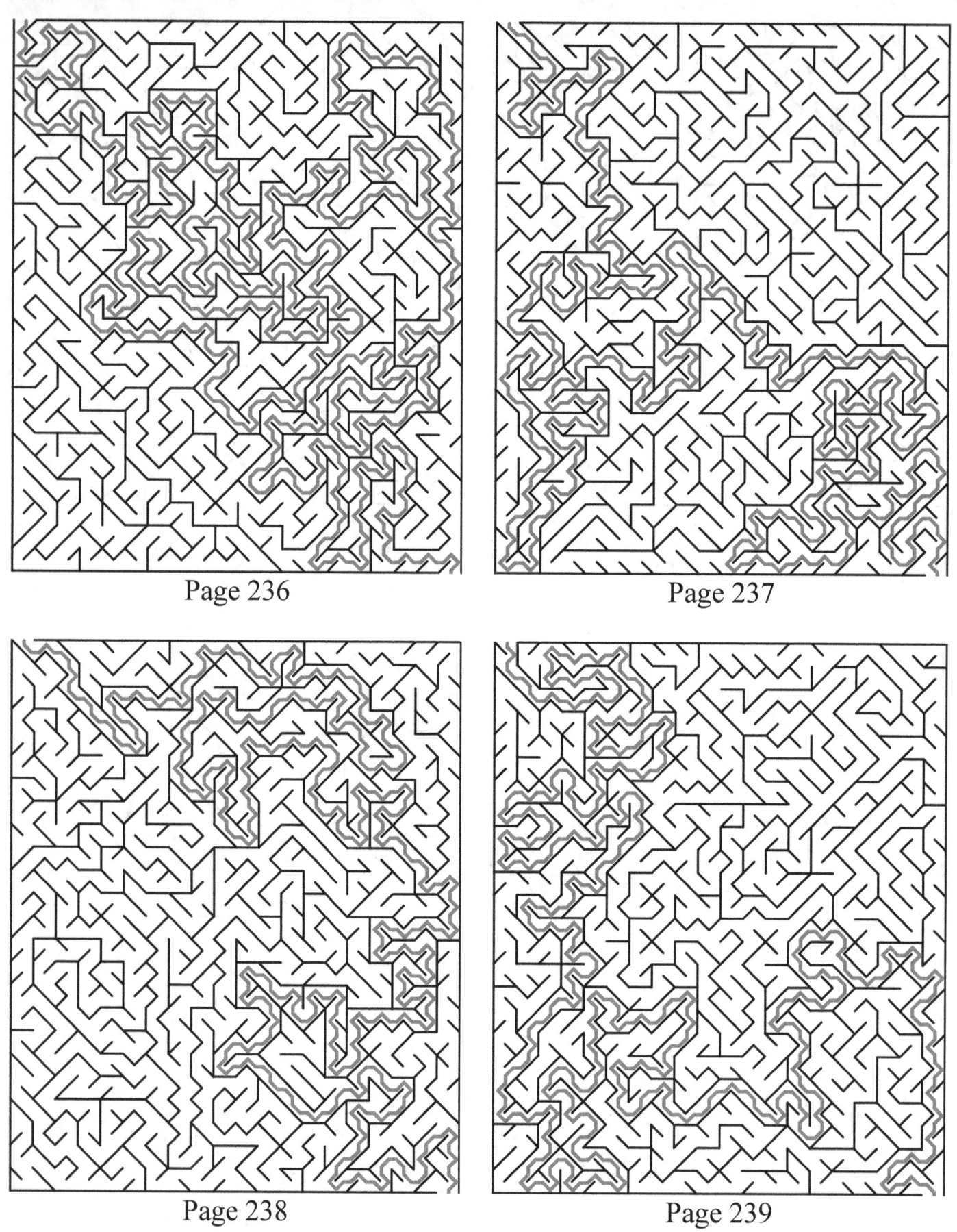

Page 244

Title Page

www.ingramcontent.com/pod-product-compliance
Lightning Source LLC
Chambersburg PA
CBHW081505070526
44586CB00019B/2486
*9781632709103*